ことば選び辞典

古典情景ことば選び辞典

Gakken

『古典情景ことば選び辞典』制作協力者

【装幀】
高品吹夕子（有限会社青橙舎）
【イラスト】
かない
高品吹夕子
【編集協力】
倉本　有加
松尾　美穂
【組版】
株式会社　明昌堂
【企画編集】
鈴木かおり
田沢あかね

まえがき

「雅な姫君を描く私は、令和の庶民。見える世界が違いすぎて、どうあがいても絶望」
「大雨の中で貴公子が語り合う場面、『ゲリラ豪雨』じゃなくて……ほらアレよアレ」
「ここに何を植えたら古典っぽくなるか、皆目見当もつかない。謎の木よ、君の名は」
……等々、創作者にとって悩みの種は尽きることがありません。これらのお悩みを解決するヒントになる「ことば選び辞典」シリーズの新作をご用意いたしました。

本書は古典の世界を描きたい創作者はもちろん、心にしみ入ることばの海にひたりたい皆さまのための、小さな古語辞典です。特に情景を描くのに役立つことばを見出し語として選び、キーワードごとに収録しました。夜もすがら思い煩う字書きのみなさまに寄り添える辞典になったかと思います。さらに巻末に設けた索引により、頭に浮かんだことばを表現の選択肢に加えられるよう工夫しました。

創作活動に少しでも役立つ辞典になれたのなら、全ての創作物を愛する一人の編集者として幸甚に存じます。願わくはみなさまの創作活動が、より趣深きものとなりますように。

二〇二三年十二月　学研辞典編集部

古典情景ことば選び キーワード一覧

気象

明るさ・暗さ……1
雨……2
霞・霧・靄……4
風……5
雷……8
氷……9
寒さ・暑さ……10

霜・露……11
晴れ・曇り……13
雪……14

自然

石・岩・土……17
海……19
川・湖・水……20
雲……23
煙……25
空……26
太陽・日の光……27
月……28
波……30
野・山……32
火・炎……35

星……37
水辺の地形……38

動植物

植物……41
動物……55
魚・貝……57
想像上の生き物……59
鳥……62
虫・節足動物……66

人体

頭・髪……69
顔……71
からだ……73
体つき・姿勢……75

食べ物……76
病気……79

時・方位

12か月の異名……82
朝・夜明け……84
季節……85
時……87
日……90
昼……91
方角……92
夜・夕方……93

コラム

雨のいろいろ……16
古典と生き物……40
古典の「花」……54
鬼……61
手紙と花……81
挿頭と植物……97

付録

字音仮名遣い対照表……100
現代語と意味の異なる言葉一覧……106
主な歌枕一覧……110
主な年中行事……113
用例出典一覧……116
難読語一覧……118
五十音索引……129

凡例

【一】キーワード

・古典の世界の情景や場面を描いたり味わったりするのによく用い、かつ類語や言い換えの表現を豊富に持つことばをキーワードとして選び、収録した。

・キーワード見出しは、気象、自然、動植物、人体、時・方位の五つのグループに分類した。各グループ内の配列は、五十音順とした。

・検索の便を図るため、冒頭にキーワード一覧を設けた。

【二】見出し語

・各キーワード内の類語、言い換え語を見出し語とし【　】の中に示した。

・【　】の中の漢字表記には、横に振り仮名を付した。振り仮名は歴史的仮名遣いで付した。

・なお、表記や送り仮名は、本書で示すものだけに限定されない。ただし、別の表記や送り仮名は示さない。

・【　】の直後には、見出し語の簡潔な語釈を記した。

・見出し語の補足解説がある場合は、語釈に続いて▽を付して示した。

・見出し語の用例は★を付して示した。

・用例の端的な現代語訳は、用例に続き（）に入れて記載した。

・用例の出典は、末尾の［］に入れて示した。

【三】コラム

・古典の世界を描いたり味わったりする際に知っておきたい事柄に関して、端的に説明するコラムを設けた。

【四】付録

- 付録として「字音仮名遣い対照表」「現代語と意味の異なる言葉一覧」「主な歌枕一覧」「主な年中行事一覧」「出典一覧」「難読語一覧」の記事を掲載した。
- 「字音仮名遣い対照表」では、漢字音をかなで書き表す際の現代仮名遣いと歴史的仮名遣いの違いを対照して示した。
- 「現代語と意味の異なる言葉一覧」では、現代語と古語で意味の異なるもの、共通の意味があるものの代表例を一覧にした。
- 「主な歌枕一覧」では、和歌に詠み込まれる地名である歌枕の代表的な例とその現代の所在地を一覧にした。和歌の創作や、地名を選ぶ際の参考にされたい。
- 「主な年中行事一覧」では、古典の世界で主に宮中で執り行われる年中行事を一覧にした。季節の描写などの参考にされたい。
- 「出典一覧」では、本文で挙げた用例の出典を一覧にして示した。時代背景や物語の性質などをより深く知りたいと思ったとき、参考にされたい。
- 「難読語一覧」では、本文中の難読と思われる語を現代語・古語問わず集め、出現頁ごとにまとめてその読み方を示した。紙幅の都合上、本文には振り仮名を付していないため、語の読み方に迷われた際の参考にされたい。

【五】索引

- 巻末に見出し語を網羅した索引を掲載した。
- 見出し語の配列は五十音順とした。

気象

明るさ・暗さ

【明《あ》かし】

明るい。★月いみじく隈なくあかきに（月がたいそう曇りもなく明るいのに）〔更級〕

【麗《うら》らかなり】

日の光が明るくのどかだ。▽多く、春の日をいう。★日のうららかにさし出でたるほどに起きたれば（日が明るくのどかにさし出るころに起きると）〔枕草子〕

【掻《か》き暗《く》る】

あたり一面がすっかり暗くなる。★ながむる空もかきくれて（こうして）眺めている空もすっかり暗くなって）〔十六夜〕

【曇《くも》り無《な》し】

曇りがない。明るい。はっきりとしている。★ころもがへの御しつらひ、くもりなくあざやかに見えて（ころもがえした（お部屋の）御装飾が、明るく鮮やかに見えて）〔源氏〕

【暗《くら》がる】

暗くなる。闇になる。曇る。★速き風吹きて、世界くらがりて（激しい風が吹いて、あたり一帯が暗くなって）〔竹取〕

【暗れ塞《ふた》がる】

辺り一面が真っ暗になる。★四方にくれふたがりて、物も覚えず侍りしを（四方八方辺り一面が真っ暗になって、物も何も見えなくなりましたが）〔今昔〕

【木暗《こぐら》し】

木が茂っていて、あたりが暗い。★荒れたる家の、木立いとものふりてこぐらう見えたるあり（荒れている家で、庭の木立がどことなくたいそう年数を経て、木の茂みで暗く見えている所がある）〔源氏〕

【木《こ》の暮《く》れ・木《こ》の暗《く》れ】

木が茂って、その下が暗いこと。また、その暗い所。▽「木の暮れ茂」「木の暮れ闇」とも。


【五月闇《さつきやみ》】

五月雨が降るころの夜の暗さ。また、その暗闇。▽季語＝夏。★さつきやみ短き夜半のうたた寝に花橘の袖に涼しき（五月闇の短い夜にうたた寝をしていると、橘の花の香りが風に運ばれて涼しく袖に通って来る）〔新古今〕

【明《さや》けし・清《さや》けし】

明るい。明るくてすがすがしい。清い。★

さやけき影をまばゆく思し召しつるほどに（明るくてすがすがしい月の光をまぶしくお思いになっていたときに）[大鏡]

【下《しも》つ闇《やみ》】 陰暦の、月の下旬の闇夜。★五月しもつやみに、五月雨も過ぎて、いとおどろおどろしくかき垂れ雨の降る夜（五月下旬の闇夜に、五月雨のころも過ぎて、とても気味悪く激しく雨が降る夜）[大鏡]

【白《しら》む】 白くなる。明るくなる。★夜、やうやく明けしらむ程に（夜が、だんだん明けて明るくなるにつれて）[今昔]

【つつ闇《やみ》】 真っ暗闇。★雷の鳴るかと思ひあやしむ程に、空もつつ闇になりて（雷が鳴るかと怪しんでいるうちに、空も真っ暗闇になって）[宇治拾遺]

【真澄《ます》み】 よく澄んでいて明るいこと。

【朧々《ろうろう》たり】 ぼうっとかすんでいる。薄明るい。★曙の空ろうろうとして（明け方の空がぼうっとかすんでいて）[奥の細道]

【小暗《をぐら》し】 薄暗い。ほの暗い。★空車引き続きて、…いとをぐらき中より来るも（荷車が連なって、…ひどくうす暗い（木立の中）から来るの（を見ても））[蜻蛉]

雨

【雨注《あまそそ》き】 雨のしずく。雨だれ。▽後に「あまそそぎ」とも。★五月雨はまやの軒端の雨そそぎあまりなるまで濡るる袖かな（五月雨には、真屋の軒端の雨だれがあまりにというまでに落ちて袖が濡れることよ）[新古今]

【雨間《あまま》】 雨と雨との合間。雨の晴れ間。★ひさかたの雨間もおかず（雨の晴れ間も休むことなく）[萬葉]

【雨《あめ》の脚《あし》】 筋を引いたように見える雨。また、そのような雨の降るさま。雨脚。★雨のあしいとのどかにてあはれなり（雨脚はたいそうのんびりしていて風情がある）[蜻蛉]

【雨《あめ》もよに】

雨が降っている状態で。★木幡の山のほども、あめもよにいと恐ろしげなれど（木幡の山のあたりも、雨が降っている状態で、たいそう恐ろしいようすであるけれど）［源氏］

【卯《う》の花腐《はなくた》し】

五月雨が降り続いて卯の花を腐らせること。転じて、五月雨。▽季語＝夏。


【五月雨《さみだれ》】

陰暦五月ごろの長雨。また、その時期。梅雨。▽季語＝夏。★五月雨を集めて早し最上川（最上川は、このところ降り続いた五月雨の水を集めて満々とみなぎり、すさまじい速さで流れ下っているよ）［奥の細道］

【時雨《しぐれ》】

晩秋から初冬にかけて降ったりやんだりする、冷たい雨。▽季語＝冬。★しぐれうちしつつ、いみじくものあはれにおぼえたり（時雨がときおり降って、たいそうしみじみと思われる）［蜻蛉］

【車軸《しゃぢく》の如《ごと》し】

雨の降りぐあいが車軸のように太いという形容から、大雨の降るさま。★をりふしくだる雨しゃぢくのごとし（ちょうど降ってきた雨は車軸のように大雨だった）［平家］

【そほ降《ふ》る】

小雨がしとしと降る。雨が静かに降る。★三月のつごもりに、その日雨そほふるに（陰暦三月の終わりに、その日は雨がしとしと降るのに）［伊勢］

【長雨《ながめ》】

長く降り続く雨。★つれづれのながめにまさる涙川（所在なく物思いにふけり、長く降り続く雨に水かさがふえる川のように涙があふれることだ）［古今］

【氷雨《ひさめ》】

雹や霰をまじえる激しい雨。★忽然に空陰り氷雨降る（にわかに空が曇って、氷雨が降ってきた）［日本書紀］

【肘笠雨《ひぢかさあめ》】

にわか雨。★ひぢかさあめとか降り来て、いとあわたたしければ（ひじかさ雨とかいうにわか雨が降ってきて、（人々は）とてもあわただしいので）［源氏］

【降《ふ》り明《あ》かす】

明け方まで降り続く。一晩じゅう降る。★雨は夜ひと夜ふりあかして（雨は一晩じゅう明け方まで降り続いて）［大和］

【降《ふ》り増《ま》さる】

ますます降る。降りつのる。★いとせきがたき涙の雨のみふりまされば（（亡くなった紫の上をしのんで）とてもせき止めがたい涙の雨ばかりが降りつの

るので）［源氏］

【叢雨《むらさめ》・村雨《むらさめ》】

断続的に激しく降って過ぎる雨。にわか雨。驟雨。★むらさめの露もまだ干ぬ槙の葉に霧立ちのぼる秋の夕暮れ（にわか雨の露がまだ乾かないで残っている杉や檜の葉のあたりに霧が立ちのぼる、秋の夕暮れだなあ）［新古今］

【叢時雨《むらしぐれ》・村時雨《むらしぐれ》】

秋の終わりから冬に、降っては止み、止んでは降る雨。▽季語＝冬。★住なれぬ板屋の軒の村時雨（住み慣れない板葺き屋根の粗末な家の軒端を時雨が通り過ぎていく）［太平記］

【小止《をや》み】

雨や雪が、少しの間やむこと。★をやみせず雨さへ降れば（少しの間もやむこともしないで雨まで降るので）［後撰］

【小止《をや》みなし】

雨や雪が、少しもやむことがない。とぎれない。★あさましくをやみなきころのけしきに（恐ろしいほど雨が少しもやむことがないこのごろのようすに）［源氏］

霞・霧・靄

【朝霞《あさがすみ》】

朝立つ霞。▽季語＝春。★朝霞たなびく野辺にあしひきの山霍公鳥いつか来鳴かむ（朝霞がたなびく野辺に、いつになったら山ほととぎすが来て鳴くだろうか）［萬葉］

【朝霧《あさぎり》】

朝立ちこめる霧。▽季語＝春。反対語＝夕霧。★俄に朝霧深く立ち隠して（急に朝霧が深く立ち込めて）［太平記］

【霞《かす》み籠《こ》む】

霞が一面にたちこめる。★空のけしきもうらうらと、めづらしうかすみこめたるに（空のようすもうららかで、新鮮なようすに霞が一面にたちこめているときに）［枕草子］

【霞《かす》み渡《わた》る】

一面に霞がかかる。★遠山の花はのこんの雪かと見えて、浦々島々かすみわたり（遠くの山の桜の花は残っている雪かと見えて、浦々や島々は一面に霞がかかり）[平家]

【霧《き》らふ】

霧・霞などが、辺り一面に立ちこめる。★秋の田の穂の上にきらふ朝霞いづへの方に我が恋ひやまむ（秋の田の稲穂の上にかかって晴れ間のない朝霧のように、いつになったら私の恋は消えていくのだろうか）[萬葉]

【霧《きり》の迷《まよ》ひ】

霧が立ちこめて、物がはっきりと見えないこと。★きりのまよひは、いと艶にぞ見えける（霧が立ちこめる中の情景は、たいそう優美に見えた）[源氏]

【霧《き》り塞《ふた》がる】

霧が立ちこめて辺りをさえぎる。★山の陰、いかにきりふたがりぬらむ（山陰の住まいは、どんなに霧が立ちこめて辺りをさえぎっているだろうか）[源氏]

【春霞《はるがすみ》】

春の霞。▽季語=春。★はるがすみ立てるやいづこ（春霞が立ちこめているのは、どこなのだろう）[古今]

【朦朧《もうろう》たり】

ぼうっと、薄暗くかすんでいるようす。▽「朦」は暗い、「朧」はぼんやりしている意。★雨もうろうとして、鳥海の山隠る（雨でぼうっとかすんで、鳥海山が隠れてしまった）[奥の細道]

【夕霧《ゆふぎり》】

夕方に立ち込める霧。★夕霧に立ち隠れて、紛れ出でてぞ（夕霧に姿を隠して紛れ出て）[堤中納言]

風

【秋風《あきかぜ》】

秋に吹く風。★あきかぜにあふ田の実こそ悲しけれ（秋風にあう田の実（=稲）のように、あの人が私に飽きた気配があって、私の頼みは実らず、悲しいことだ）[古今]

【朝北《あさきた》】

朝吹く北風。★朝北の、出で来ぬ先に、綱手はや引け（朝吹く北風が出ないうちに早く綱手を引け）[土佐]

【天《あま》つ風《かぜ》】

空を吹く風。★あまつかぜ雲の通ひ路吹き閉ぢよ（空を吹く風よ、雲の中の通路を吹き寄せて閉ざしてしまえ）[古今]

【嵐《あらし》】激しい勢いで吹く風。★吹くからに秋の草木のしをるればむべ山風をあらしといふらむ（吹くとすぐに秋の草木がしおれるので、なるほどそれで山風を「荒らし」といい、「嵐」と書くのであろう）［古今］

【家風《いへかぜ》】故郷の方から吹いてくる風。★家風は日に日に吹けど我妹子が家言持ちて来る人もなし（家の方向から吹いてくる風は日々吹いてくるが、わが妻からの家の便りを持って来る人もいない）［萬葉］

【上風《うはかぜ》】木などの上を吹き渡る風。▽和歌では「荻の上風」とする例が多い。▽反対語＝下風。★時雨うちして荻の上風もただならぬ夕暮れに（ちょうど時雨が通り過ぎて、荻の葉の上を吹く風もひとしお趣のある夕暮れに）［源氏］

【浦風《うらかぜ》】海辺を吹く風。浜風。★浦風は荒るる海にも吹くものを（浦風は荒れる海にこそ吹くものですのに）［宇津保］

【沖《おき》つ風《かぜ》】沖を吹く風。▽反対語＝辺つ風。★沖つ風夜半に吹くらし（沖つ風は夜中に吹くらしい）［新古今］

【追《お》ひ風《かぜ》】①背後から吹き抜ける風。順風。特に、舟の進む方向へ吹き抜ける風。▽反対語＝向かひ風。★恨みの追ひ風や、しばしもやまず漕ぐ舟を、湊より外に誘引ひ行け（恨めしい追い風よ、少しも止まないで、漕ぎ行く舟を湊の外まで誘っていけ）［太平記］②衣服にたきしめた香のかおりをただよわせる風。★君の御おひかぜ、いと殊なれば（源氏の君の、御衣服の香のかおりをただよわせる風が、格別にすばらしいので）［源氏］

【雲返《くもかへ》る風《かぜ》】雨雲を吹き払う風。

【東《こ》風《ち》】東から吹く風。ふつう、春風をいう。こちかぜ。「あゆのかぜ」とも。▽季語＝春。★こち吹かば匂ひおこせよ梅の花（春になって東風が吹いたなら、その風に託して〔配所の大宰府へ〕香りを送ってくれ、梅の花よ）［拾遺］

【業風《ごふふう》】地獄で吹きまくるという暴風。業の風。★彼地獄の業風なりとも、これには過ぎじとぞみえし（あの地獄の業風であっても、これ以上ではあるまいと思われた）［平家］

【下風《したかぜ》】草木の下を吹き通る風。▽反対語＝上風。★桜散る木のしたかぜは寒からで空に知ら

れぬ雪そ降りける（桜が散る木の下を吹き通る風は寒くはなくて、空に知られない雪が降っている）［拾遺］

【青嵐《せいらん》】新緑の上を吹き渡る夏の強風。あおあらし。▽季語＝夏。★せいらん梢を鳴らして（新緑を吹く強風が梢を鳴らして）［平家］

【関風《せきかぜ》】関所のあたりを吹く風。★逢坂の関のせき風ふく声はむかし聞きしにかはらざりけり（逢坂の関に吹く風の声は、昔聞いたのと変わりもないことよ）［更級］

【空《そら》の乱《みだ》れ】悪天候。あらし。★頭さし出づべくもあらぬそらのみだれに出で立ち参る人もなし（頭をさしだすこともできない悪天候に京から参上する人もない）［源氏］

【高根颪《たかねおろし》】高い山からふきおろす寒い風。

【旋風《つじかぜ》・辻風《つじかぜ》】つむじかぜ。うずを巻くように吹き込んでくる風。旋風（せんぷう）。★旋風出で来て、三十の琴を送る（つむじ風が吹いてきて、三十の琴を送ってくれる）［宇津保］

【時《とき》つ風《かぜ》】①潮が満ちて来るときなど、定まったときに吹く風。★時つ風吹くべくなりぬ（満潮の風が吹くときになった）［萬葉］②その季節や時季にふさわしい風。順風。

【野風《のかぜ》】野原を吹き渡る風。★吹きまよふ野風をさむみ（吹き乱れる野風が寒いので）［古今］

【野分《のわき》】秋に吹く激しい風。今の台風に当たる。「のわけ」とも。★さてまた、野分のやうなることとして（そしてまた、野分のような風が吹いて）［蜻蛉］

【初風《はつかぜ》】その季節のおとずれを告げる風。特に、初秋の微風にいう。▽季語＝秋。★はつかぜ涼しく吹き出でて（初秋の微風が涼しく吹き始めて）［源氏］

【葉向《はむ》け】風が葉を一方向になびかせること。★荻の葉むけの片寄りに（荻の葉の向きを片方に向けさせるように）［新古今］

【疾風《はやち》】急に強く吹く風。突風。はやて。▽「ち」は風の古語。★疾風も、龍の吹かするなり（突

風も、竜が吹かせるそうだ）〔竹取〕

【日方《ひかた》】

東南の風。西南の風。▽日のある方角から吹く風の意。★天霧らひ日方吹くらし（空が一面にかき曇り、日方が吹いているらしい）〔萬葉〕

【辺《へ》つ風《かぜ》】

海辺を吹く風。★瀛風、辺風を起して奔波を以ちて溺し悩まさむ（沖つ風、辺つ風を起こし、速波をたてて溺れ悩ませよう）〔日本書紀〕

【松風《まつかぜ》】

松の木を吹く風。また、その音。▽琴の音に似通うとされた。★松風に池波立ちて（松風が吹き、池が波立って）〔萬葉〕

【八重《やへ》の潮風《しほかぜ》】

はるかな海原を吹き渡ってくる風。★跡なき波に漕ぐ舟のゆくへも知らぬ八重の潮風（跡の残らない波の上で漕ぐ舟は行方もわからないのだ。はるかな海原を吹き渡ってくる風よ）〔新古今〕

【山颪《やまおろし》】

山から吹き下ろす激しい風。★憂かりける人を初瀬のやまおろしよはげしかれとは祈らぬものを（つれなかったあの人を、初瀬の山おろしよ、「私になびきますように」と初瀬の観音さまにお祈りこそしたけれど、つれなさがいっそう激しくなれとは祈りはしなかったのに）〔千載〕

【四方《よも》の嵐《あらし》】

あたりを激しく吹く風。▽転じて、世間の強い風当たりの意味でも用いる。★枕をそばだててよものあらしを聞き給ふに（枕から頭を上げて耳を澄まして、あたりを激しく吹く風をお聞きになると）〔源氏〕

雷

【雷《いかづち》】

かみなり。▽季語＝夏。★雷は、名のみにもあらず、いみじう恐ろし（雷は、名前だけでもなく、たいへんおそろしい）〔枕草子〕

【稲妻《いなづま》・電《いなづま》】

いなびかり。▽季語＝秋。★穂の上てらす宵の間の稲妻かと見るほどに（夕方に稲穂の上を照らす稲光かと見ている間に）〔太平記〕

【鳴《な》る神《かみ》】

かみなり。雷鳴。「かみなり」は「神鳴り」、「いかづち」は「厳つ霊」から出た語。▽季語＝夏。★なる神の音に聞きつつ恋ひ渡るかな（雷が聞こえるようなあなたの噂を聞いて、恋しく思いつづけることだ）〔古今〕

【霹靂神】

激しく鳴りとどろく雷。▽「はたた」は激しい音の擬音語。★怒れば、百千万の霹靂神、鳴りわたるごとくにて（腹を立てると百千万の激しいかみなりが響き渡るようで）［御曹司島渡］

【霹靂《はたた》く・霆《はたた》く】

雷が激しく鳴り響く。▽擬声語の「はたた」を活用させた語。★六月の照りはたたくにも障らず来たり（六月の日光が照りつけ雷が激しく鳴り響くのにも妨げられないでやって来た）［竹取］

氷

【薄氷《うすらひ》】

薄くはった氷。うすごおり。▽季語＝冬。


【垂氷《たるひ》】

つらら。「たりひ」とも。★朝日さす軒の垂氷は解けながらなどかつららのむすぼほるらむ（朝日がさしている軒のつららは解けているのにどうして氷が張っているのだろうか）［源氏］

【氷《つらら》・氷柱《つらら》】

（平らに張っている）氷。▽「つらら」のことを古くは「たるひ」といい、それを「つらら」というようになったのは近世に入ってから。★朝日さす軒の垂氷は解けながらなどかつららのむすぼほるらむ（朝日がさしている軒のつららは解けているのにどうして氷が張っているのだろうか）［源氏］

【氷《つらら》居《ゐ》る】

氷が張る。こおりつく。★比は十二月十日あまりの事なれば、雪ふりつもりつららゐて、谷の小川も音もせず（季節は十二月十日過ぎのことであったから、雪が降り積もり氷が張って、谷の小川も水音一つしない）［平家］

【氷面《ひも》】

池などの、氷が張っている表面。▽和歌では「紐」とかけて用いることが多い。★あしひきの山井の水はこほれるをいかなるひもの解くるなるらむ（山井の水は凍っているのに、解けるというのはどういうひもなのでしょう）［枕草子］

寒さ・暑さ

【朝寒《あささむ》】秋の朝方の寒さ。また、その時節。▽季語＝秋。★けさの朝寒なるうちとけわざにや（今日の朝の寒さのせいで気を許していたのであろうか）［源氏］

【暑気《あつけ》】暑さ。「しょき」とも。★例の夏秋の暑気の天に（例年の夏秋の暑さの空に）［太平記］

【頤落《おとがひお》つ】寒さに震えることのたとえ。★寒きこといとわりなく、おとがひなどおちぬべきを（寒いことは非常に何とも耐え難く、あごなども落ちてしまいそうなのを）［枕草子］

【冴《さ》え勝《まさ》る】寒さがいっそう厳しくなる。★わが衣手ぞさえまさりける（私の袖は（涙で凍って）寒さがいっそう厳しくなることだ）［古今］

【冴《さ》え渡《わた》る】一面に冷え込む。★わが衣手に置く霜も氷にさえわたり（私の袖におりる霜も氷のように冷え込み）［萬葉］

【凍餒《とうたい》】寒さにこごえることと、飢えること。生活に苦しむこと。★世治まらずして、とうたいの苦しみあらば（世の中が治まらないで、凍えや飢えの苦しみがあれば）［徒然草］

【夜寒《よさむ》】秋のころ、ひとしお夜の寒さが感じられること。また、その寒さ・時季。▽季語＝秋。反対語＝朝寒。★病雁のよさむに落ちて旅寝かな（病気にかかったような、弱々しい雁の鳴き声が聞こえてくる。秋も深まって寒さが身にしむ今宵、病気の雁はどこか近くに降りたって、不安な思いを抱きながら旅寝をすることだろう）［猿蓑］

霜・露

【暁露《あかときつゆ》】明け方に置く露。▽後には「あかつきつゆ」。★我が背子を大和へ遣るとさ夜更けて暁露に我れ立ち濡れし（弟を大和に送る夜、夜が更けるまで私は立ちつくし、明け方の露に濡れました）［萬葉］

【朝露《あさつゆ》】朝置く露。▽消えやすいことからはかないもののたとえにも使われる。★朝露は消えのこりてもありぬべし（はかない朝露は消え残ることもあるかもしれません）［伊勢］

【朝《あした》の露《つゆ》】朝露。▽消えやすいので、短くはかないことのたとえに用いる。★朝の露のかかれるほどは思ひ捨て侍らぬ（朝露のようにはかなく生きている間は、執着を捨て去ることはできないのです）［源氏］

【上露《うはつゆ》】草木の葉の上に置く露。▽反対語＝下露。★光ありと見し夕顔のうは露はたそかれ時のそら目なりけり（光り輝いていると見た夕顔（の花）の上の露のようなお顔は、夕暮れ方の見まちがえでございました）［源氏］

【菊《きく》の露《つゆ》】菊の花の上に置く露。▽飲むと長寿を保つことができ、綿に含ませて体をぬぐうと若返るとされた。★菊の露わかゆばかりに袖ふれて（菊の露には私はほんの少し若返るばかりに袖をふれるにとどめて）［紫式部］

【霧《き》り渡《わた》る】一面に霧が立ちこめる。★いみじうきりわたれる空も、ただならぬに（たいそう一面に霧が立ちこめた空も（風情は）常ではないのに）［源氏］

【木《こ》の下露《したつゆ》】木の下にこぼれ落ちて来る露。▽季語＝秋。★御傘さぶらふ。げに木の下露は雨にまさりて（御傘がございます。なるほど木の下露は雨にまさって）［源氏］

【下露《したつゆ》】草木の下葉に置く露。また、草木からしたたり落ちる露。▽反対語＝上露。★下露になびかましかばをみなへしあらき風にはしほれざらまし（草木の下葉に置く露になびいたならば、女郎花は荒い風には萎れないであろう）［源氏］

【白露《しらつゆ》】白く光って見える露。★秋近う野はなりにけりしらつゆの置ける草葉も色変はりゆく（秋も間近なようすに野原はなってしまった。白露の置いている草の葉も色が変わっていく）［古今］

【立《た》ち渡《わた》る】

雲・霧が、あたり一帯をおおう。たちこめる。★夕霧たちわたりて、いみじうをかしければ（夕霧が一面にたちこめて、たいへん趣があるので）［更級］

【露《つゆ》けし】

露にぬれてしめっぽい。★道のほど、いとつゆけし（道の途中は、とても露にぬれてしめっぽい）［源氏］

【露霜《つゆしも》】

露と霜。また、露が凍って霜のようになったもの。▽季語＝秋。★つゆしもにしほたれて、所定めず惑ひ歩き（露と霜でぐっしょりぬれて、あてどなくさまよい歩き）［徒然草］

【斑霜《はだれしも》】

薄くまだらにおりた霜。★天雲の外に雁が音聞きしよりはだれ霜降り寒しこの夜は（空の雲の上で鳴く雁の声を聞いたのち、うすく霜が降りるようになり寒い。とりわけ今夜は）［萬葉］

【初霜《はつしも》】

その年の秋に、初めて降りた霜。▽季語＝冬。★心あてに折らばや折らむはつしもの置きまどはせる白菊の花（もし折るのなら、当て推量で折ろうか。初霜がおりて、その白さのせいで、どれが花だかわからなくなってしまっている白菊の花よ）［古今］

【山下露《やましたつゆ》】

山の木の枝葉からこぼれ落ちる露。山の下草に宿る露。▽季語＝秋。★ぬばたまの黒髪山を朝越えてやましたつゆに濡れにけるかも（黒髪山を朝越えたので、山の下草に宿る露にぬれてしまったなあ）［萬葉］

【別《わか》れ霜《じも》】

晩春の八十八夜のころに降りる、その春最後の霜。忘れ霜。▽季語＝春。


【忘《わす》れ霜《じも》】

「別れ霜」に同じ。

晴れ・曇り

【天霧《あまぎ》らふ】

空が一面に曇っている。★天霧らひひかた吹くらし（空が一面にかき曇り、日方が吹いているらしい）［萬葉］

【天霧《あまぎ》る】

雲・霧などで、空一面が曇る。★ひさかたのあまぎる雪のなべて（空一面が曇る雪が一帯に）［古今］

【打《う》ち霧《き》らす】

雪・雨・霧などが、空一面を曇らせる。★うちきらし雪は降りつつ（空一面を曇らせて雪は降り続いている）［萬葉］

【掻《か》き曇《くも》る】

雲や霧などにおおわれて、空が一面に暗くなる。★かきくもり雨も降らなむ（空が一面に暗くなり、雨でも降ってほしい）［古今］

【霧《き》らす】

辺り一面を、霧や雪などが曇らせる。★あかねさす光は空に曇らぬをなどてみ雪に目をきらしけむ（日の光は曇っていないのにどうして（あなたは）行幸の日、雪に目を曇らせたのだろう）［源氏］

【雲間《くもま》】

晴れ間。雨が上がった時。★雲間なき時雨の秋は人恋ふる心のうちもかきくらしけり（晴れ間のない時雨降る秋のように、あなたを恋しく思う私の心も悲しみにくれるのです）［落窪］

【曇《くも》らはし】

曇っているようだ。曇りがちだ。★おぼつかなき空の気色のくもらはしきに（はっきりしない空のようすが曇りがちなときに）［源氏］

【差《さ》し曇《くも》る】

空が曇る。★鳴る神のしましとよもしさし曇り（雷が少し鳴って空が曇り）［萬葉］

【晴色《せいしょく》・霽色《せいしょく》】

雨が上がり、晴れあがった景色。★雨後の晴色又頼母敷と、蜑の苦屋に膝をいれて雨の晴るるを待（雨の後の晴れた景色もまた格別であろうと期待を持って、漁夫の粗末な家にからだばかりを入れて、雨の晴れるのを待った）［奥の細道］

【棚曇《たなぐも》る】

空一面に曇る。★たなぐもり雪は降り来さ曇り雨は降り来（空一面に曇り雪は降って来、曇って雨は降って来る）［萬葉］

【との曇《ぐも》る】

空一面に曇る。★とのぐもり雨ふる川のさざれ波（空一面曇り雨が降る川にたつ細かい波）［萬葉］

【日和《ひより》】晴れて穏やかな空模様。好天。晴天。★大石田という所にひよりを待つ（大石田という所で舟下りによい）好天を待つ）［奥の細道］

雪

【淡雪《あはゆき》】春先に降る雪。積もることなく、すぐ解けてしまうはかない雪。▽「淡い」「はかない」などの意を含んで用いられる。★淡雪のたまればかてにくだけつつ（すぐに消えてしまう淡雪も、積もれば耐え切れず崩れ始める）［古今］

【沫雪《あわゆき》・泡雪《あわゆき》】泡のように消えやすい、やわらかな雪。★沫雪のほどろほどろに降りしけば奈良の都し思ほゆるかも（泡のように解けやすい雪が降って地上にまだらに積もると、奈良の都がひたすら思われることだなあ）［萬葉］

【風花《かざはな》】初冬のころ、風の吹き始めに、小雨や小雪がちらつくこと。▽「かざばな」とも。

【粉雪《こゆき》】こなゆき。積もりにくく、消えやすいものとされる。▽季語=冬。★米舂きふるひたるに似たれば、粉雪といふ（米を舂いてふるいにかけるのに似ているので、粉雪というのだ）［徒然草］

【斑雪《はだれゆき》】はらはらとまばらに降る雪。また、薄くまだらに降り積もった雪。▽「はだれ」「はだらゆき」とも。★今年いたう荒るるとなくて、斑雪ふたたびばかりぞ降りつる（今年は天気がひどく荒れるというのではなくて、まだらな雪が二度ばかり降っただけである）［蜻蛉］

【深雪《みゆき》】深く積もった雪。▽季語=冬。★清滝川の水汲まば、高嶺の深雪解けぬべき（清滝川の水を汲むのなら、高い山の深雪の解けるはずの）［賀茂］

【み雪】

雪の美称。★崖の小松にみ雪降りくる（崖に生えている小松に雪が降りかかる）［萬葉］

【雪消《ゆきげ》】

雪が消えること。雪どけ。また、その時。★この川にもみぢ葉流る奥山のゆきげの水ぞ今まさるらし（この川にもみじ葉が流れる。山奥の雪どけの水が今増しているらしい）［古今］

【雪気《ゆきげ》】

雪の降り出しそうな気配。雪もよい。★空はなほ霞みもやらず風さえてゆきげに曇る春の夜の月（空はまだかすみもかからず風は冷たくて、雪が降り出しそうなようすに曇る春の夜の月よ）［新古今］

【雪間《ゆきま》】
①降った雪のとけて消えている所。▽季語＝春。★春日野のゆきまを分けて生ひ出でくる（春日野のまだ消え残る雪の間を分けて萌え出てくる）［古今］
②雪の降りやんでいる間。雪の晴れ間。★ゆきまなき吉野の山をたづねても（雪の晴れ間のない吉野の山に分け入ることになっても）［源氏］

【雪《ゆき》もよに】

雪の降る中に。▽「雪も夜に」で雪の降る夜にの意とも。★心さへ空に乱れしゆきもよにひとり冴えつる片敷きの袖（心までがうわの空になって、雪の降る中にただ冷えきって片袖の独り寝でした）［源氏］

雨のいろいろ

【時雨《しぐれ》】晩秋から初冬にかけて、降ったりやんだりする、冷たい雨。秋の山の風情を添えるものとして詠まれることが多い。

【五月雨《さみだれ》】陰暦五月ごろの長雨。現代の梅雨。「源氏物語」の「雨夜の品定め」の場面はこの季節にあたる。

【肘笠雨《ひぢかさあめ》】にわか雨。笠がないので、ひじを頭上にかざしてしのぐ雨の意。

【村雨《むらさめ》】断続的に激しく降って過ぎる雨。秋の風物とされる。

自然

石・岩・土

【青丹《あをに》】

顔料や染料に用いられる、青黒い土。岩緑青。


【海石《いくり》】

海中の岩石。暗礁。★海の底 沖つ海石に（海底の暗礁に）［萬葉］

【磯《いそ》】

岩。石。★磯の上に生ふる馬酔木を手折らめど（岩の上の馬酔木を手折っても）［萬葉］

【岩垣《いはかき》】

岩が垣根のように囲っている所。★山里の岩垣に心ながくも這へる葛かな（山里の岩垣に、気の長く這いかかっている蔦よ）［源氏］

【岩隠《いはがく》れ】

岩陰。★岩隠れの苔の上に並みゐて、土器まゐる（岩陰の苔の上に並んで座って、さかずきをおとりになる）［源氏］

【岩《いは》が根《ね》・石《いは》が根《ね》・磐《いは》が根《ね》】

大地にどっしりと根のように張った頑強な岩盤。大きな岩。「いはね」とも。★岩が根のこごしき山を越えかねて（大きな岩の険しい山を越えられなくて）［萬葉］

【岩戸《いはと》・石戸《いはと》】

岩屋に設けた、岩の戸。★鏡の山の岩戸立て隠りにけらし（鏡の山の岩戸に立てこもっていらっしゃるようだ）［萬葉］

【岩床《いはとこ》】

床のように平らな岩。「いはどこ」とも。★岩床の根延へる門を朝には出で居て嘆き（根が張ったような岩床の門を、朝には出て嘆き）［萬葉］

【岩《いは》の懸《か》け道《みち》】

岩に挟まれた険しい山道。★岩のかけ道踏みならしてむ（険しい岩の山道を踏みならして山に入ってしまおう）［古今］

【岩端《いははな》・岩鼻《いははな》】

岩の先端。岩頭。★いははなやここにもひとり月の客（今夜の名月を賞する人も多かろうが、月よ、この岩頭に、私というもう一人の風流人がいて、月を眺めていますよ）［笈日記］

【巌《いはほ》】

高くそびえる、大きな岩。▽「ほ」は高くぬき出たところの意。★南淵山の巌には降りしはだれか消え残りたる（南淵山に高くそびえる巌には、はだれ雪が消え残っている）［萬葉］

【岩間《いはま》】

岩と岩の間★岩間より生ふるみるめしつれなくは（岩の間から生えているみるめが変わらないのは）［伊勢］

【岩枕《いはまくら》】

岩や石を枕にして旅寝すること。野宿すること。▽季語＝秋。★なにごとをまづ語るらむ彦星の天の河原を岩枕して（彦星は、何をまず語るのであろう。天の河原で岩を枕にして織姫とともに臥しながら）［建礼門院］

【岩屋《いはや》・窟《いはや》】

岩の洞穴。▽古代には住居とすることもあった。★優婆岳といふ嵩の裾、大きなる岩屋のうちへぞつなぎいれたる（優婆岳という山の麓の大きな岩屋の中に（糸は）入っている）［平家］

【大砌《おほみぎり》】

雨垂れを受ける軒下の敷石。★大砌の石を伝ひて、雪に跡をつけず（大砌の石を伝って歩いて、雪に足跡をつけず）［徒然草］

【岩頭《がんとう》】

岩の突端。岩のほとり。


【細《さざ》れ石《いし》】

小石。「さざれし」とも。★わが君は千代に八千代にさざれいしの巌となりて苔のむすまで（わが君は千年も八千年も長生きてください。小石が大きな岩となって苔が生えるまでも）［古今］

【立《た》て石《いし》】

据え立ててある石。庭石や道しるべなどのことをいう。★この立石どももみな転び失せたるを（この立て石もみな転んだり無くなったりしているが）［源氏］

【玉堅磐《たまがしは》】

かたい岩の美称。★難波江の藻に埋もるる玉がしは（難波江の藻に埋もれているかたい岩）［千載］

【常磐《ときは》・常盤《ときは》】

永遠に変わることのない、神秘な岩。▽巨大な岩のもつ神秘性に対する信仰から、永遠に不変である意を生じたもの。★ときはなすかくしもがもと思へども（永遠に変わることのない岩となる、このように（変わらずに）ありたいものだと思うが）［萬葉］

【磐石《ばんじゃく》・盤石《ばんじゃく》】

大きな岩。いわお。「ばんせき」とも。★草摺摑んで、盤石へ向ひて、えい声を出して跳ねたりけり（草摺りを摑み、大岩に向かって「えい」と声

を出して飛び上がった)[義経記]

【真赭《まそほ》・真朱《まそほ》】

顔料や水銀などの原料の、赤い土。★丹生のまそほの(丹生の赤土のように)[萬葉]

海

【朝凪《あさなぎ》】

朝、風がなくて海が静かであること。▽反対語=夕凪。★朝なぎに千重波寄せ(朝凪に、幾重にも重なった波が押し寄せ)[萬葉]

【浅《あさ》り】

(川や海などの)浅いところ。★雪のあさりにはまんとて(雪の浅いところで餌を食べようとして)[平家]

【荒磯海《ありそうみ》】

岩石が多く、波の荒い海。★君がため思ふ心は荒磯海の浜の真砂子に劣らざりけり(あなたを思う心は荒磯海の浜の砂にも劣らぬほど限りないものです)[宇津保]

【荒海《あるみ》】

波の荒い海。▽「あらうみ」の変化した語。★大船を荒海に漕ぎ出(大船を荒海に漕ぎ出して)[萬葉]

【海境《うなさか》・海界《うなさか》・海坂《うなさか》】

海上遠くにあるとされる海神の国と地上の人の国との境界。海の果て。★海坂を塞ぎて、返り入りき(うなさかを塞いで、かえってしまった)[古事記]

【海処《うみが》】

海。海辺。★海処行けば、腰泥む(海を行くと、腰まで水につかってなかなか進めない)[古事記]

【江《え》】

入り江。海や湖などの一部が陸地に細く入り込んだところ。

【潮海《しほうみ》・塩海《しほうみ》】海。▽「湖」「淡海」に対していう。★潮海のほとりにてあざれあへり（塩のある海のほとりでふざけ合っている）〔土佐〕

【濁《にご》り江《え》】水が濁っている入り江。★高瀬舟なほ濁り江に漕ぎ返り（高瀬舟は、また濁った入り江に漕ぎ帰って）〔狭衣〕

【夕凪《ゆふなぎ》】夕方、海岸地帯で、海風と陸風が入れかわる間のいっとき風がやみ、波も穏やかな状態になること。★夕なぎに 五百重波寄す（夕凪に、幾重もの波が寄せる）〔萬葉〕

【わたつ海《うみ》】海。「わたつみ」とも。★草も木も色変はれどもわたつうみの浪の花にぞ秋なかりける（秋が来て草も木も色が変わるけれども、いつも白い海の波の泡には色が変わる秋がなかったのだなあ）〔古今〕

【海中《わたなか》】海の中。海上。★海中に幣取り向けて（海の中に幣を捧げて）〔萬葉〕

川・湖・水

【淡海《あはうみ》】淡水の水をたたえた広い場所。湖。「あふみ」とも。▽反対語＝潮海。★鳥羽の淡海も 秋風に 白波立ちぬ（鳥羽の湖も、秋風に白波が立っている）〔萬葉〕

【岩瀬《いはせ》・石瀬《いはせ》】岩の多い川の浅瀬。★巨勢道から石瀬踏み（巨勢を越えて石瀬を踏み）〔萬葉〕

【泥土《うき》】沼地。どろ沼。▽和歌では「憂き」とかけて用いることが多い。

【隠《かく》れ沼《ぬ》】草などに隠れて見えにくい沼。★隠れ沼の

下よりおふるねぬなはの（隠れ沼の底から生える「ねぬなは」の名のように）〔古今〕

【川《かは》隈《くま》】川の流れが折れ曲がっている所。「かはぐま」とも。★我が行く川の川隈の（私がゆく川にはいくつもの曲がり角があり）〔萬葉〕

【川《かは》瀬《せ》】川の中の浅瀬。川の流れが速く浅くなっている所。★千鳥鳴く佐保の川瀬のさざれ波（千鳥の鳴く、佐保川の川瀬のさざ波のように）〔萬葉〕

【川《かは》門《と》】両岸が迫って川幅が狭くなっている所。川の渡り場。★佐保の川門の清き瀬を馬うち渡しいつか通はむ（佐保川の清い渡り場を、馬に鞭打って渡って、いつかは通いたい）〔萬葉〕

【川上り路】川をさかのぼって行く水路。★川上り路の水を浅み（川をのぼっていく水路が浅いので）〔土佐〕

【川《かは》淀《よど》】川の水のよどんでいる所。よどみ。★菜摘の川の川淀に鴨ぞ鳴くなる（菜摘の川の淀んでいるところに鴨たちが鳴いている）〔萬葉〕

【上《かみ》辺《べ》】川の上流のあたり。「かみへ」とも。▽反対語＝下辺。★上辺には千鳥しば鳴く、下辺にはかはづ妻呼ぶ（川の上流には千鳥がさかんに鳴き、下流にはかじかが妻を呼んでいる）〔萬葉〕

【隠《こも》り沼《ぬ》】茂った草などに覆われて隠れて、よく見えない沼。▽うっとうしいものとしていうこともある。★隠り沼の下ゆ恋ふれば（隠り沼のようにひそかに恋をしていると）〔萬葉〕

【塩《しほ》ならぬ海《うみ》】湖。特に、琵琶湖をいう。★塩ならぬ海に漕がれ行く（琵琶湖に漕がれ行く）〔太平記〕

【下《しも》辺《べ》】川の下流のあたり。「しもへ」とも。▽反対語＝上辺。★上辺には千鳥しば鳴く、下辺にはかはづ妻呼ぶ（川の上流には千鳥がさかんに鳴き、下流にはかじかが妻を呼んでいる）〔萬葉〕

【滝《たき》川《がは》】山の谷間などを激しく流れ下る川。★瀬を早み岩にせかるる滝川のわれても末にあはんとぞ思ふ（川瀬の流れが速いので、岩にせきとめられる滝川の水が、いったん分かれてもまた一つの流れになるように、今二人が別れても、将来はきっと会おうと思うよ）〔詞花〕

【玉水《たまみづ》】
①清水。清らかな水。▽水の美称。★山城の井手のたまみづ手にむすび（山城の国の井手の清水を手ですくって）［伊勢］
②雨垂れなど、しずく（＝玉）になってしたたり落ちる水の美称。★山深み春とも知らぬ松の戸にたえだえかかる雪のたまみづ（山が深いので春が来たとも気づかない山家の松の木の下にある戸に、とぎれとぎれに落ちかかる美しい玉のような雪解けのしずくよ）［新古今］

【庭潦《にはたづみ》】

雨が降ったりして、地上にたまり流れる水。★のどかにも頼まざらなん庭潦影見ゆべくもあらぬながめを（いつまでものんびりと待っているなどとあてにしないでください。庭の水たまりもあっけなく物の影が映る前に消えてしまいそうなのだから）［狭衣］

【早瀬《はやせ》】

川の、流れがはやく浅い所。★泊瀬川速み早瀬をむすび上げて飽かずや妹と問ひし君はも（泊瀬川の速い流れの水をすくい上げて、「おいしいかい、おまえ」と尋ねたあの人よ）［萬葉］

【平瀬《ひらせ》】

川の流れがゆるやかで波の立たない浅い所。★叔羅川なづさひ上り平瀬には小網さし渡し（叔羅川をさかのぼり、平瀬には網をあちこちに仕掛け）［萬葉］

【淵瀬《ふちせ》】

淵と瀬。川の深い所と浅い所。★この川、飛鳥川にあらねば、ふちせさらに変はらざりけり（この川は、飛鳥川ではないので、淵と瀬は少しも変わってなかった）［土佐］

【禊川《みそぎがは》】

みそぎをする川。また、「夏越しの祓へ」の神事に川原に幣を立てて祭りをする川。▽季語＝夏。


【御手洗川《みたらしがは》】

神社のそばを流れ、参拝者が「御手洗」をする川。▽京都の上賀茂神社の御手洗川である「楢の小川」が特に名高い。★恋せじとみたらしがはにせし禊ぎ神はうけずぞなりにけらしも（もう恋はするまいと誓って身をきよめる川でしたみそぎなのだが、神は受け入れずに終わってしまったらしいよ）［古今］

【水海《みづうみ》・湖《みづうみ》】

湖。湖水。淡水湖。▽「塩海」に対して、淡水の海の意。★此河は近江の水海の末なれば、まつともまつとも水ひまじ（この川は近江の湖から流れ出た川なので、いくら待っても水は引かないだろう）［平家］

【水無《みな》し川《がは》】

水のない川。天の川。

【水無瀬川】 水のない川。伏流となって地下を流れ、川床に水の見えない川。「みなしがは」とも。▽表に現れない、表に現せない心をたとえることも。★うらぶれて物は思はじ水無瀬川ありても水は行くといふものを（しょんぼりして悩んだりはしない。水の無い川であってもときには水が流れるというものだ）［萬葉］

【水底《みなそこ》】 水の底。★大き海のみなそこ深く思ひつつ（大きい海の水の底のように深く心に思いながら）［萬葉］

【水曲《みわた》】 川の流れが曲がってよどんでいるところ。「みわだ」とも。★いつみ川水のみわたのふしつけに（泉川の、曲がってよどんだところにしかけてあるふしつけに）［千載］

【山下水】 山のふもとを流れる水。山かげを流れる水。★やましたみづの木隠れてたぎつ心をせきぞかねつる（山かげの水が木の陰に隠れてわき立っているように、私も人知れず激しく思っていた心を抑えられなかったよ）［古今］

【雪消《ゆきげ》】 雪どけ水。▽季語＝春。★雪消の水に裳の裾濡れぬ（雪解け水に裳裾が濡れてしまったことよ）［萬葉］

【忘れ水《わすれみづ》】 野中の茂みの中などで人の目につかず忘れられたように流れる水。★はるばると野中に見ゆるわすれみづ絶え間絶え間を嘆くころかな（野中にはるかに見える忘れ水のようにあなたの訪れが絶え間がちなのを嘆いていています）［後拾遺］

雲

【雨雲《あまくも》】 雨を降らせる雲。★風吹くをりの雨雲（風が吹くときの雨雲の動き（は風情がある））［枕草子］

【天雲《あまくも》】 （天の）雲。空の雲。★天雲の外に雁が音聞きしよりはだれ霜降り寒しこの夜は（空の雲の上で鳴く雁の声を聞いたのち、うすく霜が降りるようになり寒い。とりわけ今夜は）［萬葉］

【浮き雲《うきぐも》】 ぽっかり空に浮いて漂っている雲。「うきくも」「ふうん」とも。▽不安定なものや不安なことをたとえていうこともあり、「浮き」に「憂き」をかけて用いることもある。★うきくもにしばしまがひし月かげの（浮き雲にしばら

く姿を隠していた月が）〔源氏〕

【雲《くも》の梯《かけはし》】 たなびく雲をはしごにたとえた語。★大空も雲のかけはしなくはこそ（大空に雲のかけはしがないので）〔蜻蛉〕

【雲《くも》の波《なみ》】 波のような雲。雲を重なり立つ波に見立てていう語。★天の海にくものなみ立ち（海のような大空に雲の波が立ち）〔萬葉〕

【雲《くも》の峰《みね》】 山の峰のように高くそびえ立つ雲。多く、入道雲にいう。▽季語＝夏。★くものみね幾つ崩れて月の山（昼間、峰のように高くそびえ立つ入道雲が、いったい幾つ湧き立っては消えていっただろう。今、空には月がかかり、月山だけが神々しい姿を見せている）〔奥の細道〕

【雲《くも》の澪《みを》】 雲の流れ。雲の流れ行くさまを川の流れにたとえていう語。★天の河雲のみをにてはやければ（天の川は雲の澪で流れがはやいので）〔古今〕

【雲間《くもま》】 雲の絶え間。★雲間より渡らふ月の惜しけども（雲の間を渡っていく月が名残惜しい）〔萬葉〕

【豊旗雲《とよはたくも》】 旗のようになびく美しい雲。「とよはたぐも」とも。★わたつみのとよはたくもに入り日さし（海上の旗のようにたなびく美しい雲に夕日がさし）〔萬葉〕

【片雲《へんうん》】 一片の雲。ちぎれ雲。★へんうんの風に誘はれて漂泊の思ひやまず（ちぎれ雲が風に流されるように、（私も）居所を定めずにさまよいたいという気持ちが抑えられず）〔奥の細道〕

【群雲《むらくも》・叢雲《むらくも》】 集まりまとまっている雲。一群の雲。★風騒ぎむら雲まがふ夕べにも（風が騒ぎ、群雲が乱れるこの夕べにも）〔源氏〕

【八《や》雲《くも》】 幾重にも重なっている雲。★や雲立つ出雲八重垣（幾重にも雲のむらがりたつ、出雲国の八重垣）〔古事記〕

【八重雲《やへぐも》】 幾重にも重なってわき立つ雲。八重棚雲。★峰のやへぐも、思ひやる隔て多く、あはれなるに（山の峰の幾重にも重なってわき立つ雲のように、思いをはせるにも障害が多く悲しいのに）〔源氏〕

【横雲《よこぐも》】

横に長くたなびく雲 ▽明け方の東の空にたなびく雲をいうことが多い。★春の夜の夢の浮き橋とだえして峰に別るるよこぐもの空（春の夜の浮き橋、そんなはかない夢がとぎれて、外を見ると、もう明け方の空に、横にたなびく雲が峰から静かに離れて行くよ）〔新古今〕

煙

【形見《かたみ》の雲《くも》】

火葬の煙。★なき人の形見の雲やしをるらむ（亡き人を火葬した煙を形見とした雲がしおれているのだろうか）〔新古今〕

【煙《けぶり》】

けむり。▽けむりのようにたなびいたり、かすんだり、立ちのぼったりするものにもいう。★あるいはけぶりにむせびて倒れ伏し（ある者はけむりにむせて倒れ伏し）〔方丈記〕

【煙《けぶり》になす】

火葬にする。★ひたぶるにけぶりにだにになしはててむと思ほして（今はただもう火葬にでもしてしまおうとお思いになって）〔源氏〕

【野辺の煙】

火葬の煙。★いかなるのべのけぶりにて（どのような火葬の煙となって）〔新古今〕

【烽火《ほうくわ》】

のろし。緊急連絡のために火をたいて、高く上げる煙。★幽王うれしき事にして、其事となう、常に烽火をあげ給ふ（幽王は嬉しいことに思って、なんという事もなく、常に烽火をお上げになる）〔平家〕

【夜半《よは》の煙《けぶり》】

夜に立ちのぼる煙。▽火葬の煙をいう場合が多い。★日の本を照らしし君が岩陰のよはのけぶりとなるぞ悲しき（日本の国を治めた天皇が、岩かげで夜半の火葬の煙になるのは悲しいことだ）〔栄花〕

空

【天《あま》つ空《そら》】 天。空。★あまつそらにも住まなくに（空の上に住んでいるのでもないのに）［古今］

【一天《いってん》】 空一面。

【上《うは》の空《そら》】 空の上の方。★山の端の心も知らで行く月はうはのそらにて影や絶えなむ（山の端の心も知らないで渡っていく月は空の上の方で姿を消してしまうかもしれない）［源氏］

【雲上《うんしゃう》】 雲の上。空の高い所。★竜の水を得て雲上へあがること異ならず（竜が水を得て空へのぼるのと同じであった）［太平記］

【大空《おほぞら》】 広々とした空。天空。★大空も雲のかけはしなくはこそ（大空に雲のかけはしがないので）［蜻蛉］

【雲《くも》居《ゐ》】 大空。天上。▽雲のある所。★鳴く声くもゐまで聞こゆる、いとめでたし（鳴く声が天上まで聞こえるのは、まことにけっこうだ）［枕草子］

【呉《ご》天《てん》】（遠く隔たった）異境の空。旅の空。▽「呉」は、中国の南部にあった古代の国名。★ごてんに白髪の恨みを重ぬといへども（異境の空で白髪になるような嘆きを、たとえ重ねても）［奥の細道］

【空《そら》様《さま》・空《そら》方《さま》】 上の方。空の方。「そらざま」とも。★髪はそらさまへ生ひあがり（髪は上の方に（逆立って）生えあがり）［平家］

【旅《たび》の空《そら》】 旅先で眺める空。★たびのそら飛ぶ声の悲しき（旅の空を飛ぶ声が、せつなく悲しいよ）［源氏］

【中《なか》空《ぞら》】 空の中ほど。中天。★なかぞらに立ちゐる雲のあともなく（空の中ほどに現れて漂う雲があとかたもなく（消えてしまうように））［伊勢］

【眺《なが》めの空《そら》】 物思いに沈みながら見る空。▽和歌では「長雨の空」とかけて用いることが多い。★心の通ふならば、いかに眺めの空ももの忘れしはべらむ（心が通じるならば、どんなに物思いに沈んでいる気持ちも忘れることだろう）［源氏］

【半天】

①天の半分。②空のなかほど。中空。★塩にひかれていく舟は、半天の雲にさかのぼる（潮に流されて行く舟は、ちょうど中空の雲にさかのぼるかのようだ）〔平家〕

太陽・日の光

【朝影《あさかげ》】

朝日の光。▽反対語＝夕影。★朝影にはるかに見れば（朝日の光ではるか遠くに見れば）〔宇津保〕

【朝《あさ》づく日《ひ》】

朝方の日光。朝日。▽反対語＝夕づく日。

【入《い》り日《ひ》】

沈みゆく太陽。落日。★やうやう入り日になるほど（ようやく日がしずむ頃になって）〔源氏〕

【夕陽《せきやう》】

夕日。入り日。★今日も暮れぬと打ち知られ、夕陽西に傾けば（今日も日が暮れたことを知り、夕日も西に傾いた頃）〔平家〕

【天道】

太陽。おてんとうさま。

【日光《にっくわう》】

日光。太陽の光。

【日《ひ》】

太陽。日光。★日が照れば（太陽が照ると）〔萬葉〕

【日影《ひかげ》】

①日の光。日ざし。★のどやかなるひかげに垣根の草萌え出づるころより（うららかな日ざしにより垣根の草が芽を出すころから）〔徒然草〕②太陽。★ひかげ、やや傾くころ（太陽がようやく西に傾きかけたころ）〔奥の細道〕

【日《ひ》の足《あし》・日《ひ》の脚《あし》】

雲や物の間から射す日光。★日のあしのわづかにみえて、きりどころどころにはれゆ

く(日の光がわずかに見え、霧もところどころ晴れていく)［蜻蛉］

【夕影《ゆふかげ》】

夕暮れどきの光。夕日の光。▽反対語＝朝影。★春の野に霞たなびきうら悲しこのゆふかげに鶯鳴くも(春の野に霞がたなびいてもの悲しい思いがする。この夕方の光の中でうぐいすが鳴いているよ)［萬葉］

【夕《ゆふ》づく日《ひ》】

夕方の日光。夕日。▽反対語＝朝づく日。★夕づく日さすや庵の柴の戸に(夕日がさす、閉ざしてある庵の柴の戸に)［新古今］

月

【有《あ》り明《あ》け】

夜が明けてもまだ空に残っている月。▽季語＝秋。★ありあけのつれなく見えし別れより暁ばかり憂きものはなし(明け方のそっけない月のように、あなたが薄情に見えたあの別れ以来、夜明け前ほど、つらく情けないものはない)［古今］

【十六夜《いさよひ》の月《つき》】

陰暦十六日の夜の月。特に、陰暦八月十六日の夜の月。▽満月の次の晩は月の出がやや遅れ、それがためらっているように思われることからいう。★十六夜の月をかしきほどにおはしたり(十六夜の月が美しいころにおいでになった)［源氏］

【猶予《いさよ》ふ月《つき》】

出そうで出ない月。「いさよひのつき」に同じ。★山の端にいさよふ月を出でむかと待ちつつ居るに夜ぞ更けにける(山の端に出そうで出ない月を(いつ出るかと)待っているうちに、夜が更けてしまった)［萬葉］

【朧月《おぼろづき》】

春の夜のかすんだ月。▽季語＝春。★梅の花かうばしき夜の朧月にたたずみ(梅の花のよく匂う夜の、朧月のもとで)［徒然草］

【下弦《かげん》】

満月から欠けていった、半月の状態で、月の入りに上部は球形、下部は弓でいう弦の形に見えるもの。月の出は夜中になる。陰暦二十二、三日ごろの月。▽反対語＝上弦。


【片割《かたわ》れ月《づき》】

半分欠けて見える月。半月。★逢ふ事はかたわれ月の雲かくれ(半月が雲に隠れているように、

会いたい人に会えないことだ）〔拾遺〕

【桂《かつら》の影《かげ》】

月の光。月光。▽月に桂の木が生えているという中国の伝説から。★桂の影はのどけかるらむ（月の光はのどかであるだろう）〔源氏〕

【今日《けふ》の月《つき》】

今宵の月。特に、中秋（＝陰暦八月十五日）の夜の満月。名月。


【上弦《じゃうげん》】

陰暦で七、八日ごろの月。新月から満月の間に出る右半円状の月。▽反対語＝下弦。★上弦の月、空しく隠れぬ（上弦の月は、空しく雲に隠れた）〔曽我〕

【新月《しんげつ》】
①陰暦で、月初めに出る細い月。▽季語＝秋。
②陰暦十五夜の、東の空に昇り始めた月。★三五夜中しんげつ白く冴え（陰暦十五夜の夜中、東の空に昇り始めた月が白く澄んで）〔平家〕

【立《た》ち待《ま》ちの月《つき》】

陰暦十七日の夜の月。立待月。立ち待ち。▽座るまでもなく、立ちながら待っているうちに、程なく出てくる月の意から。季語＝秋。


【月影《つきかげ》】

月の光。月の姿。★月影ばかりぞ八重葎にもさはらずさし入りたる（月の光だけが、生い茂る雑草にもさえぎられずさしこんでいる）〔源氏〕

【月夜見《つくよみ》】

月。「つきよみ」とも。★つくよみの光を清み（月の光が清らかなので）〔萬葉〕

【名残《なごり》の月《つき》】
①夜明け方の月。残月。有り明けの月。
②陰暦の九月十三夜の月。▽季語＝秋。

【寝《ね》待《ま》ちの月《つき》】

出るのがおそくて、寝て待つ月の意。陰暦十九日の夜の月。寝待月。寝待ち。臥し待ちの月。▽特に、陰暦八月十九日の夜の月をいうことが多い。季語＝秋。


【後《のち》の月《つき》】

陰暦八月十五日の夜の月に対して陰暦九月十三日の夜の月。栗名月。豆名月。名残の月。▽季語＝秋。★木曽の痩せもまだなほらぬにのちのつき（木曽路の旅による痩せもまだなおらないのに陰暦九月十三日の月見をすることだ）〔笈日記〕

【氷輪《ひょうりん》】

氷のように冷たく輝いている月。冷たくさ

えた月。


【臥《ふ》し待《ま》ちの月《つき》】

陰暦十九日の夜の月。また、十九日以降の月。臥待月。臥し待ち。寝待ちの月。▽出が遅く臥して待つ月の意。季語=秋。★臥待の月はつかにさし出でたる(臥待の月がわずかに顔を出したのを)〔源氏〕

【望月《もちづき》】

満月。陰暦の十五日の夜の月。▽季語=秋。★もちづきのくまなきを、千里の外まで眺めたるよりも(満月の一点のくもりもない光を、はるかかなたまで見通せるように眺めているよりも)〔徒然草〕

【弓張《ゆみは》り月《づき》】

上弦または下弦の月。弦月。▽形が弓に弦を張ったのに似ているところから。★月を少し側目にかけつつ、ゆみはり月のいるに任せて、とつかまつり(月を少し横目で見ながら、「弓張り月の射るにまかせて」と詠んで)〔平家〕

【居《ゐ》待《ま》ちの月《つき》】

陰暦十八日の夜の月。陰暦十七日の「立ち待ちの月」よりやや遅く十九日の「臥し待ちの月」よりやや早く月の出がある。居待月。居待ち。▽座って月の出を待つというところから。★居待月明石の門ゆは夕されば潮を満たしめ(居待月の出を待って、明石海峡は夕方になると潮が満ち)〔萬葉〕

波

【朝羽振《あさはふ》る】

朝、鳥が羽ばたくように、風・波が寄せる。▽反対語=夕羽振る。★か青なる玉藻沖つ藻あさはふる風こそ寄せめ(青々とした美しい沖に生えている藻を、朝、鳥がはばたくように風が寄せるだろう)〔萬葉〕

【徒波《あだなみ》】

むやみに立ち騒ぐ波。変わりやすい人の心にたとえる。★山川の浅き瀬にこそあだなみは立て(山あいの川の浅瀬にこそむやみに立ち騒ぐ波が起こるのだ)〔古今〕

【岩波《いはなみ》】

岩に打ち寄せる波。★吉野川岩波たかく行く水のはやくぞ人を思ひそめてし(吉野川の、

岩に打ち寄せる波が高く流れがはやいように、あなたに恋し始めてしまったことよ）〔古今〕

【五百重波《いほへなみ》・五百重浪《いほへなみ》】

多くの波。幾重もの波。★夕なぎに 五百重波寄す（夕凪に、幾重もの波が寄せる）〔萬葉〕

【浦波《うらなみ》・浦浪《うらなみ》】

海岸に打ち寄せる波。★朝風に浦波騒き（朝風が吹くと浦波が騒ぎ）〔萬葉〕

【沖《おき》つ波《なみ》】

沖に立つ波。★沖つ波辺波立つとも（沖に立つ波や岸辺に寄せる波が立とうとも）〔萬葉〕

【雲《くも》の波《なみ》】

雲のような波。波を重なり合う雲に見立てていう語。★海漫々として、くものなみ煙の波ふかく（海は広々と果てしなく、雲のような波や煙のような波が遠くまで重なり合い）〔平家〕

【逆浪《げきらう》】

逆巻く波。激しい荒波。


【煙《けぶり》の波《なみ》】

遠くかすんで、煙のように見える波。また、幾重にも重なって、波のようにみえる煙。★雲の浪煙の波をわけ過ぎさせ給ひて（雲の波、煙の波を分け過ぎて行かれ）〔平家〕

【逆波《さかなみ》・逆浪《さかなみ》】

流れに逆らって打ち寄せる波。★河の水増しく、逆浪高く漲って（川の水が増し、逆波が高く水しぶきをあげていて）〔太平記〕

【細波《さざなみ》・小波《さざなみ》】

小さい波。さざれなみ。▽古くは「ささなみ」とも。★渚によするさざ浪の、帰るを見てもうらやましく（渚に打ち寄せるさざ波が岸に帰るのを見てもうらやましく）〔太平記〕

【頻波《しきなみ》・重波《しきなみ》】

次から次へと、しきりに寄せて来る波。★しき波の 寄する浜辺に（次から次へと波が寄せてくる浜辺に）〔萬葉〕

【千重波《ちへなみ》・千重浪《ちへなみ》】

幾重にも重なって寄せる波。★朝なぎに 千重波寄せ（朝凪に、幾重にも重なった波が押し寄せ）〔萬葉〕

【門波《となみ》・戸波《となみ》】

海峡に立つ波。★明石の門波いまだ騒けり（明石の海峡に立つ波はまだ荒れている）〔萬葉〕

【とゐ波《なみ》】

うねり立つ波。★とゐ波の畏き海を直渡り

けむ（うねり立つ波の恐ろしい海を、まっすぐ渡ってきたのだろう）［萬葉］

【波《なみ》の花《はな》】

波のしぶき。波の泡。▽波の白いしぶきや泡を花にたとえていう語。★草も木も色かはれどもわたつうみのなみのはなにぞ秋なかりける（（秋が来て）草も木も色が変わるけれども、（いつも白い）海の波の泡には（色が変わる）秋は来なかったなあ）［古今］

【波間《なみま》】

波と波の間。また、波の絶え間。★湖水の霧にそばだって、波間に見えたる小嶋あり（湖水の霧の中にそびえたって、波間にみえる小島がある）［太平記］

【辺波《へなみ》】

岸に寄せる波。船べりに寄せる波。▽反対語＝沖つ波。★沖つ波辺波立つとも（沖に立つ波や岸辺に寄せる波が立とうとも）［萬葉］

【夕《ゆふ》羽《は》振《ふ》る】

夕方、鳥が羽ばたくように、波が立つ。▽反対語＝朝羽振る。★朝羽振る風こそ寄せめゆふはふる波こそ来寄せ（朝方に吹きつける風が寄せるだろう。夕方立つ波が寄せてくるだろう）［萬葉］

野・山

【浅《あさ》茅《ぢ》が原《はら》】

ちがやが一面に生えている、荒れ果てた野原。▽中古以後、人が住まなくなった、物さびしいさびれた場所をいうことが多い。★浅茅が原もかれがれなる虫の音に（浅茅が原も（枯れそうで）かすれて絶え絶えな虫の声に）［源氏］

【浅《あさ》茅《ぢ》生《ふ》】

ちがやが生えている場所。▽荒れ果てた場所の意を含む。★虫の音しげきあさぢふに（虫の音がしきりにひびく、このちがやの生えた荒れはてた所に）［源氏］

【荒《あら》野《の》】

人里離れた荒れた野。★信濃なる須賀の荒野を飛ぶ鷲の翼もたわに吹く嵐かな（信濃の国

の須賀の荒野を飛ぶ鷲の翼もたわむほどに、激しく吹く嵐だなあ）〔賀茂翁家集〕

【荒山《あらやま》】

人けのない、さびしく険しい山。★真木の立つ荒山中に海を成すかも（険しい山中を木々が立つ海のようにしてしまわれる）〔萬葉〕

【青垣山《あをかきやま》】

垣根のように連なっている、木々が青々と茂った山々。★たたなづく青垣山の隔りなば（並み重なる青垣山に隔てられたら）〔萬葉〕

【奥山《おくやま》】

人里から離れた奥深い山。深山。▽反対語＝外山・端山。★奥山に紅葉踏み分け鳴く鹿の声聞く時ぞ秋はかなしき（奥深い山に散り敷いた紅葉を踏み分けて鳴いている鹿の声を聞く時、とりわけ秋の悲しさを感じることだ）〔古今〕

【枯れ野】

草木の枯れ果てた野。冬枯れの野。▽季語＝冬。★旅に病んで夢はかれのをかけ廻る（旅の途中で病に倒れ床に伏しているが、風雅の心はなお断ちがたく、夢はひとりさびしい冬枯れの野をかけめぐってやまない）〔笈日記〕

【篠原《しのはら》】

篠竹の茂った原。★霰たばしる那須の篠原（霰が激しい勢いでとび散る那須の篠竹の原）〔金槐〕

【杣《そま》】

材木として切り出すために植林した山。杣山。★わが立つ杣にすみぞめの袖（「わが立つ杣に」と伝教大師が詠まれた、この比叡山に住み始めて着ている私の墨染めの法衣の袖を）〔千載〕

【手向山《たむけやま》】

「手向けの神」が祭られている山。手向けの山。▽奈良山・逢坂山が有名。★このたびは幣も取りあへずたむけやま紅葉の錦神のまにまに（今度の旅はあわただしくて、道の神にささげる幣の用意もできなかった。せめて、この手向山の錦のように美しい紅葉を、神の御心のままに幣としてお受け取りください）〔古今〕

【遠山《とほやま》】

遠方に見える山。★遠山の花はのこんの雪かと見えて（遠くの山の桜の花は残っている雪かと見えて）〔平家〕

【外山《とやま》】

人里に近い山。▽反対語＝奥山・深山。★深山には霰降るらしとやまなるまさきの葛色づきにけり（人里から遠く離れた山にはあられが降っているらしい。もう、人里近くの山にあるまさきの葛が、きれいに色づいてしまったよ）〔古今〕

【野末《のずゑ》】

野の果て。


【野《の》阜《づかさ》・野《の》司《づかさ》】

野原の中の小高い丘。★山谷越えてのづかさに今は鳴くらむ鶯の声（山や谷を越えて野の中の小高い丘で、今は鳴いているであろう、うぐいすの声は）［萬葉］

【野《の》辺《べ》】

野のあたり。野原。★夕さればのべの秋風身にしみて（夕方になると、野辺を吹く秋風が身にしみて感じられ）［千載］

【野《の》面《もせ》】

野原。野原一面。★縒られつるのもせの草のかげろひて（〈暑さで〉しおれていた野原一面の草も、（日が）かげり）［新古今］

【野《の》守《もり》の鏡《かがみ》】

物の影が映って見える、野原のたまり水。▽雄略天皇が鷹狩りをしたとき、逃げた鷹を、野守が溜まり水に映った影で発見したという故事から、溜まり水を鏡に見立てていう。★はし鷹の野守の鏡えてしがな（はし鷹の影が映って見えたという野守の鏡を手に入れたいものだ）［新古今］

【野《の》ら藪《やぶ》】

野原の、草や低木の茂った所。▽荒れ果てた庭のたとえにも言う。★なき人を野らやふなどにおきて侍るを見て（亡くなった人〈の亡骸〉を野ら藪などにおいてありますのを見て）［拾遺］

【端《は》山《やま》】

人里に近い山。外山。▽反対語＝奥山・深山。★筑波山端山繁山しげけれど（筑波山は、人里に近いはしの山、木の茂った山と、山が多いが）［新古今］

【春《はる》野《の》】

春の野原。▽季語＝春。★紫草のねはふ横野の春野には（紫草の根が張る横野の春の野には）［萬葉］

【深《み》山《やま》】

人里から遠く離れた山。奥深い山。奥山。▽反対語＝外山・端山。★みやまには霰降るらし（人里から遠く離れた山にはあられが降っているらしい）［古今］

【葎《むぐら》生《ふ》】

「むぐら」の生い茂っている所。★いかならむ時にか妹を葎生の汚き屋戸に入りいませなむ（いつどんなときであったらあなたを葎の生えているようなむさくるしい我が家に入っていらっしゃるようにさせることができるだろうか）［萬葉］

【群《むら》山《やま》】

群がっている山々。多くの山々。★大和にはむらやまあれど（大和には多くの山々はあるが）［萬葉］

【焼野】

火に焼けた野原。▽特に、早春の野焼きをした後の野をいう。★ふる里を焼野の原とうちながめ（ふるさとを焼いて焼野が原にし）［平家］

【蓬生《よもぎふ》】

よもぎなどの雑草が生い茂っている所。草深い荒れた所。★都の外の蓬生のあさましき棲まで（都の外の草深い見苦しい住居まで）［太平記］

【彼方野辺《をちかたのべ》】

遠くの方にある野。★大名児を彼方野辺に刈る草の（大名児が遠くの野辺で草を刈って）［萬葉］

【小野《をの》】

野。野原。★我が見る小野の草な刈りそね（私が見る小野の草を刈らないでほしい）［萬葉］

火・炎

【葦火《あしひ》】

葦を燃料として燃やした火。★難波人葦火焚く屋のすしてあれど（難波の人が葦火をたく家のようにすすけているけれど）［萬葉］

【海人《あま》の漁《いざ》り】

漁師が漁のときにともす火。★海人の漁りは灯し合へり見ゆ（漁師たちはせわしなく燈火を灯し合っている）［萬葉］

【漁《いざ》り火《び》】

夜の漁で魚を誘い集めるために船上でたく火。「いざりひ」とも。★釣する海人の漁り火の光りにいませ（釣りをする漁師の灯火を頼りにいきなさい）［萬葉］

【埋み火】

灰の中にうずめた炭火。いけ火。▽季語＝冬。★埋火のいきてうれしと思ふには（この炭火が今まで消えずにいて嬉しいと思うように）［落窪］

【篝火《かがりび》】

夜間の戸外の照明のために、鉄のかごの中にたく火。▽漁労・警固などのために用いる。★人召し、「篝火の台一つ、こなたに」とめす（人をお呼びになって「篝火の台を一つ、こちらに」とお取り寄せになる）［源氏］

【蚊遣《かや》り火《び》】

夏、蚊を追い払うためにいぶす火。また、その煙。▽季語＝夏。★蚊遣り火ふすぶるもあはれなり（蚊遣り火がくすぶっているのももの寂しく心ひかれる）［徒然草］

【紙燭《しそく》・脂燭《しそく》】

室内用の照明具の一種。松の木を長さ五〇センチ、直径一センチほどの棒に削り、先端をこがしてそこに油を塗り、火をともす。手に持って用い、持つ部分には紙を巻く。「ししょく」とも。▽紙燭に火をともすことを「さす」という。★紙燭さしてくまぐまを求めし程に（紙燭をともしてすみずみまで捜していたところ）［徒然草］

【松明《たいまつ》】

やにの多い松、または竹・葦などを束ねたものに火をつけて照らすもの。★松明少し脇へまはし（松明を少し横にまわして）［曽我］

【灯《とも》し火《び》・灯《ともしび》】

灯火。明かり。


【庭火《にはび》・庭燎《にはび》】

庭でたいて明かりとする火。特に、宮中で神楽を行うときなどのかがり火。▽季語＝冬。★庭火の煙のほそくのぼりたるに（庭のかがり火の煙が細く立ち上っている時に）［枕草子］

【野火《のび》】

野を焼く火。特に、春の初めに、野山の枯れ草を焼く火。野焼き。▽季語＝春。★春野焼く野火と見るまで（春の野焼きの火とみまごうばかりに燃える火を）［萬葉］

【走《はし》り火《び》】

ぱちぱちと飛びはねる火の粉。はね火。★さわがしきもの。走り火（さわがしいもの。はねる火の粉）［枕草子］

【火相《ひあひ》・火合《ひあひ》】

火加減や火の用心などの、火の具合。


【火焼《ひた》き・火焚《ひた》き】

夜間、家の内外の照明のために、また、警護のために、かがり火をたくこと。また、その役の人。★ここにその御火焼の老人（ここにその火をたいている老人が）［古事記］

【火影《ほかげ》】

灯火の光。火の明かり。★ほかげに見し顔思し出でらる（灯火の光で見た顔をお思い出しなさる）［源氏］

【火中《ほなか》】

火の燃える中。★燃ゆる火のほなかに立ちて（燃え盛る炎の中に立ち）［古事記］

【焔《ほむら》・炎《ほむら》】

ほのお。火炎。▽心の中に起こる、燃え立つような激しい感情をたとえていうこともある。★思ひ塞く胸のほむらはつれなくて涙を沸かすものにざりける（訪れない夫への）いらだちをこらえている胸の炎は、表面には見えないけれど（激しく燃えて）涙をあふれさせるものであったのだなあ）［蜻蛉］

【猛火】

勢い盛んな火。


【藻塩火《もしほび》】

藻塩を焼く火。★海人の藻塩火たきそめて（海人が藻塩を焼く火をたきはじめて）［新古今］

星

【明星《あかぼし》】

明けの明星。「あかほし」とも。▽反対語＝夕星。★明星は、明星は、くはや、ここなりや（あかぼしは、明星は、おや、ここに出ているよ）［神楽歌］

【昴《すばる》】

星の名。牡牛座の星団プレアデス。六連星。すばるぼし。


【棚機《たなばた》つ女《め》・織女《たなばたつめ》】

七夕伝説の織女。一年に一度、七月七日の夜に天の川を渡って牽牛に会うという。また、その織女を表す織女星。★彦星と織女と今夜逢ふ（彦星と織女が今夜逢う）［萬葉］

【遠夫《とほづま》】

遠く離れている夫。特に、牽牛星をいう。


【遠妻《とほづま》】

遠く離れている妻。特に、織女星をいう。


【彦星《ひこぼし》】

牽牛星。▽男の星の意。七夕伝説で、七月七日の夜だけ天の川を渡って、妻である織女星に会うという。季語＝秋。★人さへやみつがずあらむ彦星の妻よぶ舟の近づき行くを（人々も見守っていないことがあろうか。彦星の妻問いの舟が近づいて行くのを）［萬葉］

【六連星《むつらぼし》】

「すばる」の別名。


【長庚《ゆふつつ》・夕星《ゆふつつ》】

夕方、西の空に見える金星。宵の明星。▽後に「ゆふづつ」とも。反対語＝明星。★夕

星も通ふあまぢを（宵の明星も通う天上にある道を）[萬葉]

【婚《よば》ひ星《ぼし》・夜這《よば》ひ星《ぼし》】

流れ星。流星。▽季語=秋。★よばひぼし、すこしをかし（婚い星は、すこし趣がある）[枕草子]

水辺の地形

【磯《いそ》】

（海・湖・池・川の）水辺の岩石。岩石の多い水辺。★松の色は青く、磯の波は雪のごとくに（松の色は青く、磯の波は雪のように（白くて））[土佐]

【石橋《いははし》・岩橋《いははし》】

浅瀬に並べ置いて、橋の代わりとした石。川の中の飛び石。「いはばし」とも。★明日香の川の上つ瀬に石橋渡し（明日香川の上流の瀬に石橋を渡し）[萬葉]

【浦《うら》】
①入り江。海・湖・池などの湾曲して陸地に入り込んだ所。★志賀の浦にいざりする海人（志賀の浦で漁をする漁師）[萬葉]
②海辺。★見渡せば花も紅葉もなかりけりうらの苫屋の秋の夕暮れ（見渡すと、春の桜の花も、秋の紅葉もないのであった。海辺の苫ぶきの粗末な小屋のあたりの秋の夕暮れは）[新古今]

【江《え》】

入り江。海や湖などの一部が陸地に細く入り込んだところ。★江のじゅうわう一里ばかり（入り江の南北と東西はそれぞれ一里ほど）[奥の細道]

【沖《おき》つ州《す》・沖《おき》つ洲《す》】

沖にある砂州。おきす。★かもめゐる藤江の浦の沖つ州に夜舟いさよふ月のさやけさ（かものすんでいる藤江の浦の沖の州に、夜舟が進まないでためらっている、月のさやけさよ）[新古今]

【大曲《おほわだ》】

川・湖などが陸地に大きく入り込んだ所。★志賀の大わだ淀むとも（志賀の大きな入り江が（以前と少しも変わらず）淀んでいても）[萬葉]

【川面】

川のほとり。かわべ。「かはつら」とも。★あまり川面近く、顕証にもあれば（あまりにも川のほとりに近く、目立つ所ですから）〔源氏〕

【陸《くが》】

陸上。陸地。★くがには源氏くつばみを並べて（陸上では源氏（の騎馬武者たち）が馬首を並べて）〔平家〕

【隠《こも》り江《え》】

島や岬などの陰になっていたり、あしなどの水草に覆われていたりして、隠れて見えない入り江。★こもりえに思ふ心を（隠れてみえない入り江のようにひそかにお慕いしている心の中を）〔伊勢〕

【島門《しまと》】

島と島との間や島と陸地との間の狭い海峡。★大君の遠の朝廷とあり通ふ島門を見れば神代し思ほゆ（大君の御用勤めに通い続ける海峡を見ると、神代の昔が思い出される）〔萬葉〕

【白州《しらす》・白洲《しらす》】

白い砂の州。白い砂の干潟。★沖のしらすにすだく浜千鳥（沖の白い砂の州に集まる浜千鳥）〔平家〕

【州《す》・洲《す》】

川・湖・海などで、堆積した土砂が水面上に低く現れた所。中州。


【瀬戸《せと》】

狭い海峡。川の、両岸が迫って狭くなっている所。★月さゆる明石の瀬戸に風吹けば（月がさえざえと輝く明石の海峡に風が吹くと）〔山家集〕

【浜《はま》】

海・湖に沿った平地。★音に聞くたかしの浜のあだ波は（評判の高い高師の浜の、むやみに立ち騒ぐ波は）〔金葉集〕

【汀《みぎは》】

水のほとり。水ぎわ。★霜さゆる汀の千鳥うちわびて（霜が冷たく凍る水ぎわで千鳥がひどくつらがって）〔源氏〕

【井堰《ゐせき》・堰《ゐせき》】

用水をほかへ引くために、木・土・石などで川水をせき止めた所。「井手」とも。★渡りよりちと下なる井堰に、あやしき物のあるを立ちより見たれば（渡し場より少し下流の井堰に、みなれないものがかかっているのを近づいて見たところ）〔太平記〕

古典と生き物

【鹿《しか》】鹿は代表的な秋の景物として、萩や紅葉とともに歌に詠まれた。夕暮れから夜に鳴くものとされ、雄が雌を求める高音の鳴き声がわびしさをそそり、秋の哀歓を表すものとされた。

【時鳥《ほととぎす》】ほととぎすは、万葉の時代から初夏を告げる風物として卯の花や花橘と取り合わせて歌に詠まれ、鳴き声の素晴らしさを詠んだ歌が多く残されている。また、その声は懐古の情を呼び起こすものともされた。

【狐《きつね》】狐は、古来人に化けるものとされ、女性の姿となって人を欺く話が、多く説話・伝説に見られる。陰陽師・安倍晴明の母も信太の森の狐であったという伝説もある。やがて、狐は稲荷の使いであるという信仰が成立する。

動植物

植物

【茜《あかね》】 草の名。根から赤色の染料をとる。▽季語＝秋。★よき帛、糸、綾、茜、蘇芳、紅など多く奉りたまへれば（すばらしい絹、糸、茜、蘇芳、紅などをたくさんお贈りになったので）［落窪］

【秋萩《あきはぎ》】 萩。秋に咲くことから「秋」を上にかぶせている。★秋萩の枝もとををに置く露の（秋萩の枝もたわみしなうくらいに置く露が）［萬葉］

【朝顔《あさがほ》】 つる草の名。夏、早朝に開き昼前にしぼむじょうご型の花をつける。牽牛子。▽現在の朝顔のほか、「桔梗」の別名、「むくげ」の別名とも。★朝顔のこれかれにはひまつはれて（朝顔があれやこれやにはいのびてからみついて）［源氏］

【浅茅《あさぢ》】 荒れ地に一面に生える、丈の低いちがや。★なごりをば庭の浅茅にとどめおきて（住んでいた名残を庭の浅茅にとどめ置いて）［新古今］

【葦《あし》・蘆《あし》】 水辺に生える草の名。よし。和歌では「難波江」の景物として詠まれる。▽「あし」が「悪し」に通じるのを避けて、「よし」ともいう。季語＝秋。★夕月夜潮満ち来らし難波江のあしの若葉にこゆる白波（空には夕月がかかり、今しも潮が満ちてくるらしい。難波江のあしの若葉を越えて打ち寄せる白波よ）［新古今］

【馬酔木】 木の名。すずらんの花に似た、白い小さな花を房状につける。葉に毒があり、牛馬が食べると酔ったようになる。▽季語＝春。★磯の上に生ふる馬酔木を手折らめど（岩の上の馬酔木を手折っても）［萬葉］

【梓《あづさ》】 木の名。今の「よぐそみねばり」にあたるといわれる。▽かたい木なので弓の材とした。★みとらしの梓の弓の（ご愛用の梓の弓の）［萬葉］

【楝《あふち》・樗《あふち》】 木の名。せんだん。初夏、淡紫色の花をつける。▽季語＝夏。★わぎもこに楝の花は散り過ぎず（楝の花は散ってしまわないで）［萬葉］

【葵《あふひ》】 ①草の名。ふたばあおい。「あふひぐさ」とも。

▽平安時代、賀茂神社の祭りに用いられたことで有名。和歌では「逢ふ日」とかけて用いることが多い。季語＝夏。★葵のただ三筋ばかりあるを、よばなれてかかる山中にしも生ひけむよと、人々あはれがる（葵がほんの三本ほどあるのを、俗世間を遠く離れてこのような山の中にも生えるのだなあと、人々はしみじみとする）〔更級〕
②草の名。たちあおい。江戸時代ごろから鑑賞用に盛んに栽培された。▽季語＝夏。

【甘葛《あまづら》】

つる草の一つ。樹液を煮詰めて甘味料を作る。▽「あまちゃづる」をさすとも。


【菖蒲《あやめ》】

草の名。しょうぶ。剣状の葉は香気が強く、昔から邪気を払うものとされる。五月五日の節句に、軒や車にさし、また、身につけた。「あやめぐさ」とも。▽和歌では「文目」「あやなし」にかけて詠まれることが多い。季語＝夏。★菖蒲草足に結ばん草鞋の緒（折から端午の節句で、家々の軒には菖蒲が葺いてある。せめて自分も草鞋の緒に菖蒲を結び、邪気をはらって旅立とう）〔奥の細道〕

【虎杖《いたどり》】

草の名。茎に紅色の斑点があり、夏、白色または淡紅色の小花が咲く。若い茎は食用になる。★いたどりは、まいて虎の杖と書きたるとか（虎杖は、まして虎の杖と書くのだという）〔枕草子〕

【石櫧《いちひ》・櫟《いちひ》】

木の名。いちいがし。木の質は堅く器物の材料に適し、実は食用となる。


【岩躑躅《いはつつじ》】

花の名。岩と岩の隙間に咲くつつじ。山つつじ。★五葉、紅梅、桜、藤、山吹、岩躑躅などやうの春のもてあそびをわざとは植ゑで（五葉、紅梅、桜、藤、山吹、岩躑躅などのような春の花木だけを特に植えることはしないで）〔源氏〕

【岩梨《いはなし》】

木の名。こけもも。常緑低木で食用になる赤い実をつける。▽季語＝夏。★岩梨をとり、零余子をもぎ、芹をつむ（こけももをとり、ぬかごをもぎ取り、せりを摘む）〔方丈記〕

【卯《う》の花《はな》】

木の名。「うつぎ」の別名。白い花で、初夏に咲く。うぐいすやほととぎすが宿る木とされる。▽季語＝夏。★木高き森のやうなる木ども木深く面白く、山里めきて、卯の花の垣根ことさらにしわたして（木が森のように奥深く茂っていて趣があり、山里めいて、卯の花の垣根をわざわざ作りめぐらして）〔源氏〕

【梅《うめ》】

木の名。また、その花。▽中古以後はふつ

うむめ」と表記する。季語＝春。★園ににほへる紅の色にとられて、香なん白き梅に劣れるといふ（園に美しく咲いている紅梅は、色に負けて、香は白梅に劣るという）［源氏］

【御形《おぎやう》】

「母子草」の別名。春の七草の一つ。「ごぎゃう」とも。▽季語＝春。


【大根《おほね》】

「だいこん」の古名。▽「だいこん」は、この語の漢字表記の音読から生じた語。季語＝冬。


【柑子《かうじ》】

植物の名。こうじみかん。▽みかんに比べ、実が小さく酸味が強い。季語＝秋。★大きなる柑子の木の、枝もたわわになりたるが周りを（大きなこうじみかんの木で、枝もたわみしなうほどに実がなっている木のまわりを）［徒然草］

【燕子花・杜若】

草花の名。水辺に自生し、初夏、紫または白の花が咲く。▽古代、花の汁を染料に用いた。季語＝夏。★かきつばたいとおもしろく咲きたり（かきつばたが大変きれいに咲いていた）［伊勢］

【柏《かしは》・槲《かしは》】

木の名。「柏木」とも。葉が大きく、食物を包むのに用いた。


【堅香子《かたかご》】

植物の名。「かたくり」の古名。★もののふの八十娘子らが汲みまがふ寺井の上の堅香子の花（たくさんの少女たちが水を汲んでいるような姿（に見えて）寺井の上に咲いている堅香子の花（のなんて可憐なことだろう））［萬葉］

【酢漿草《かたばみ》】

草の名。長い柄の先に三つ葉の葉がつき、春から夏に黄色の五弁の花が咲く。


【樺桜《かばざくら》】

植物の名。山桜の一種。★樺桜一並、並み立ちたり（樺桜が一並び、並び立っている）［宇津保］

【川竹《かはたけ》・河竹《かはたけ》】
①川のほとりに生えている竹。
②「真竹」、または「女竹」の古名。

【楓《かへで》】

木の名。紅葉が美しく、一般に、「もみぢ」といえばかえでのそれをさす。▽季語＝秋。★いと暗う細きに、蔦、楓は茂り、もの心細く（道はとても暗く細いうえに、つたやかえでは茂ってなんとなく心細く）［伊勢］

【唐葵《からあふひ》・蜀葵《からあふひ》】

植物の名。「たちあおい」の古名。★唐葵、日の影にしたがひてかたぶくこそ（からあおいは、太陽の光の移動に従って傾くというのが）［枕草子］

【韓藍《からあゐ》】植物の名。「鶏頭」の古名。★秋さらば移しもせむと我が蒔きし韓藍の花を誰れか摘みけむ（秋が来たら移し染めにでもしようと私が蒔いた鶏頭の花を、誰が摘んでしまったのだろう）［萬葉］

【枳殻《からたち》・枳《からたち》】植物の名。ミカン科の落葉低木。★からたちと茨刈り除け倉建てむ（からたちの木と茨を刈り取って、倉を建てよう）［萬葉］

【唐撫子《からなでしこ》】草花の名。「石竹」の別名。▽季語=夏。★こちたう赤き薄様を、唐撫子のいみじう咲きたるに結びつけて（たいそう赤い薄様を唐撫子の素晴らしく咲いたのに結び付けて）［枕草子］

【桔梗《ききやう》】秋の七草の一つ。夏から秋に、紫色の釣り鐘形の花が咲く。「きちかう」とも。▽一説に、古くは「朝顔」と呼ばれたとも。季語=秋。★草の花は…　女郎花、桔梗、朝顔（草の花は…女郎花、桔梗、朝顔（も素晴らしい））［枕草子］

【菊《きく》】植物の名。また、その花。▽重陽の節句の日には、宮廷で「菊の宴」が行われ、「菊の酒」「菊の綿」などを用いて長寿を願い祝った。季語=秋。★きくの香や奈良には古き仏たち（折しも九月九日の重陽の節句で、飾られた菊の香りがあたりに満ちている。この古都・奈良では、寺々の古いみ仏たちが菊の香りに包まれていらっしゃる）［笈日記］

【黄蘗《きはだ》】木の名。黄色い樹皮は染料、実は健胃剤となる。

【桐《きり》】木の名。夏に濃紫色の花が咲く。琴や家具などの材料となる。★桐の木の花、紫に咲きたるはなほをかしきに（桐の花が、紫色に咲いているのはやはり趣があることだが）［枕草子］

【葛《くず》】「秋の七草」の一つ。つる草で、葉裏が白く、花は紅紫色。根から葛粉をとり、つるで器具を編み、茎の繊維で葛布を織る。▽季語=秋。★荒礒の渡り延ふ葛のゆくへもなくや（荒礒の渡し場に生えている葛の行方が知れないように）［萬葉］

【葛花《くずばな》】葛の花。▽季語=秋。★萩の花、尾花、葛花（萩の花、すすき、葛の花）［萬葉］

【梔子《くちなし》・卮子《くちなし》】

木の名。夏、白い花が咲き、芳香を放つ常緑低木。実を黄色の染料とし、また、食品の色付けにする。▽季語=夏。

【萱草《くゎんざう》】草の名。忘れ草。夏、花を咲かせる。★前栽に、萱草という草を、籬結ひて、いとおほく植ゑたりける(庭の植え込みに、萱草という草を、まがきをつくってたいそうたくさん植えてあった)〔枕草子〕

【牽牛子《けにごし》】つる草の名。「朝顔」の別名。夏、早朝に開き昼前にしぼむ花をつける。

【小水葱《こなぎ》】「水葱」の別名。水生の食用植物の一つ。今のみずあおい。★伊香保の沼に植ゑ小水葱(伊香保の沼に植えた小水葱)〔萬葉〕

【小萩】小さな萩。また、萩の美称。★宮城野のもとあらのこはぎ露を重み(宮城野に茂る下葉のまばらな萩は露が重いので)〔古今〕

【薔薇《さうび》】ばら。いばら。▽季語=夏。★昔おぼゆる花橘、撫子、薔薇、くたになどやうの花くさぐさを植ゑて(昔のことが思い起こされるたちばなの花、なでしこ、そうび、くたになどといった花をいろいろ植えて)〔源氏〕

【桜《さくら》】木の名。また、その花。古代の桜は自生種の山桜。▽季語=春。★桜は、花びら大きに、葉の色濃きが、枝細く咲きたる(桜は、花びらが大きく葉の色が濃いのが、枝の細いのに咲いている(のが美しい))〔枕草子〕

【さしも草】草の名。「よもぎ」の別名。葉は菊に似て、独特の香りがある。▽季語=春。★かくとだにえやはいぶきのさしも草さしも知らじなもゆる思ひを(こんなにあなたに恋しているということだけでも言えましょうか。(いや、とても言えません。)だから、伊吹山のさしも草のように燃えている私の思いがそれほどとは、あなたはおわかりにはならないでしょうね)〔後拾遺〕

【真葛《さねかづら》】つる性の木の名。びなんかずら。★名にし負はば逢坂山のさねかづら(逢坂山が「逢ふ」という名を負っているなら、「さ寝」ということばにも通じる逢坂山のさねかづらのつるをたぐるように)〔後撰〕

【樒《しきみ》】木の名。全体に香気があり、葉のついた枝を仏前に供える。また、葉や樹皮から抹香を作る。★濃き青鈍の紙にて、樒にさしたまへる(濃い青鈍色の紙で樒にさしていらっしゃる)〔源氏〕

【しじら藤《ふぢ》】

つる性植物の名。「つづらふじ」の別名。夏、淡黄色の小花をつける。★しじら藤のわらぬにて、二所付くべし（つづら藤の裂いていないので、二所を付けます）［徒然草］

【忍草《しのぶぐさ》】
①しだ類の一種。のきしのぶ。古い木の幹や岩石の表面、古い家の軒端などに生える。▽季語＝秋。★しのぶ草、いとあはれなり（しのぶ草は、たいそう風情がある）［枕草子］
②「忘れ草」の別名。★おなじ草を忍ぶ草、忘れ草といへば（同じ草を忍ぶ草、忘れ草と言うので）［大和］

【椎《しひ》】

木の名。初夏に香りの高い小花をつける。実は食用。★優婆塞が行ふ山の椎がもとあなそばそばし（在俗のまま仏門に入った男性が修行する山の椎の木の下は、ああ、かどばって居心地が悪い）［宇津保］

【蕺《しぶき》】

草の名。ぎしぎし。▽一説に「どくだみ」のことともいう。★しりへのかたなる池に蕺といふもの生ひたる（裏にある池にしぶきというものが生えていますよ）［蜻蛉］

【下野《しもつけ》・繍線菊《しもつけ》】

植物の名。落葉低木。夏の初め、淡紅色の小さな花が茎の先に群がり咲く。▽季語＝夏。


【菖蒲《しやうぶ》】

水辺に群生する草の名。あやめ草。「さうぶ」「あやめ」とも。▽別名は「あやめ」であるが、この「菖蒲」は今の「はなしょうぶ」や「あやめ＝はなあやめ」とは別種。季語＝夏。★水のほとりに菖蒲植ゑしげらせて（水辺には菖蒲を植え茂らせて）［源氏］

【紫苑《しをん》】

草の名。秋、長い茎の上部に薄紫色の花が密集して咲く。花を見ると、心に思ったことを忘れないという。思い草。鬼の醜草。▽季語＝秋。★秋の草は…紫苑、吾木香、刈萱、竜胆、菊（秋の草は……紫苑、吾木香、刈萱、竜胆、菊などがよい）［徒然草］

【蘿蔔《すずしろ》・清白《すずしろ》】

「だいこん」の別名。特に、春の七草の一つとしての呼び名。▽季語＝春。


【菘《すずな》】

「かぶ」の別名。春の七草の一つ。▽季語＝春。


【蘇芳《すはう》・蘇枋《すはう》】
①木の名。「いちい」の別名。材質が堅く、建築材、器具材とする。
②木の名。すおう。低木で、心材の削りくずや実のさやを煎じて暗紅色の染料に用いる。★よき帛、糸、綾、茜、蘇芳、紅など

多く奉りたまへれば（すばらしい絹、糸、茜、蘇芳、紅などをたくさんお贈りになったので）［落窪］

【菫《すみれ》】草花の名。山野に自生し、春、濃い紫色の花を咲かせる。▽季語＝春。★春の野にすみれ摘みにと来し我ぞ（春の野にすみれを摘もうとやって来た私であるが）［萬葉］

【末摘花《すゑつむはな》】草花の名。「べにばな」の別名。花を紅色の染料にする。▽べにばなは、茎の先端（＝末）に花がつき、それを摘み取ることから「末摘花」という。

【大柑子《だいかうじ》】植物の名。今の夏みかんの類。▽季語＝秋。★大かうじの程なり（大柑子ぐらいの大きさである）［宇治拾遺］

【玉葛・玉蔓】つたなど、つる草の美称。★山高み谷辺に延へる玉葛絶ゆる時なく見むよしもがも（山が高く、谷辺に生え延びるつる草が絶えないように、絶えることなくあなたに逢うことができたらよいのになあ）［萬葉］

【槻《つき》】木の名。「けやき」の古名。弓を作る材に用いる。

【月草《つきくさ》】草の名。「つゆくさ」の古名。▽この花の汁で染めた色のさめやすいことから、歌では人の心の移ろいやすいたとえとすることが多い。季語＝秋。★朝露にさきすさびたるつき草の（朝露に盛んに咲いている露草が）［萬葉］

【躑躅《つつじ》】木の名。春から夏にかけて花が咲く。花を観賞するため、庭にも植えられる。▽季語＝春。★つつじの木ども北になみたちて（つつじの木が北側に並び立って）［宇津保］

【椿《つばき》・海石榴《つばき》】木の名。また、その花。山野に自生する。霊力をもつ木とされる。▽季語＝春。★海石榴の木を採りて、椎に作り兵にしたまふ（椿の木をとって、つちを作り、これを武器となさった）［日本書紀］

【壺菫《つぼすみれ》】草の名。たちつぼすみれ。春、長い柄の先に淡紫色の花が横向きに咲く。★山吹の咲きたる野辺のつほすみれこの春の雨に盛りなりけり（山吹の花が咲いている野辺につぼすみれが咲いている。春の雨の中で、今がさかりである）［萬葉］

【露草《つゆくさ》】草の名。湿地や小川の縁に生える。夏の朝、

藍色の花を開く。▽古くは「つきくさ」という。季語=秋。★御供の人は、薄色の襖、露草して遠山に摺れり（お供の人は、薄色の狩襖に露草の花で遠山の景を摺り染めてある）〔宇津保〕

【木賊《とくさ》・砥草《とくさ》】

しだ類の草の名。硬い茎を干し、物を磨くのに用いる。▽季語=秋。★「播磨米は砥草か、椋の葉か、人の綺羅を磨くは」とぞ囃されける（「播磨の米は砥草か、椋の葉か、うわべは装い飾っているけれども」と囃された）〔平家〕

【野老《ところ》】

つる草の名。根や茎は苦みを抜いて食用にする。▽新年を祝う食べ物とされる。


【水葱《なぎ》】

水生の食用植物の一つ。みずあおい。夏から秋にかけて紫色の房状の小花を咲かせる。ハート形の葉を食用とした。★京へ出づる道々、西の京になぎいと多く生ひたるところあり（京へ出る途中、西の京に水葱が大変たくさん生えている所があった）〔宇治拾遺〕

【夏萩《なつはぎ》】

秋の一種。「みやぎのはぎ」の別名。秋、紅紫色の小花が咲く。庭園に植えられる。


【生《な》り瓢《ひさこ》】

植物の名。「ひょうたん」の別名。果実を乾燥させ、酒や水を入れる容器としたり、縦に半分にしてひしゃくにしたりする。▽「なりびさこ」「なりひさご」とも。★なりひさこといふ物を人の得させたりければ（ひょうたんという物をある人が与えたところ）〔徒然草〕

【苦竹《にがたけ》】

「真竹」、「女竹」の別名。▽竹の子に苦味があることから。


【酸漿《ぬかづき》】

草の名。「ほおずき」の古名。


【射干玉《ぬばたま》・野干玉《ぬばたま》】

ひおうぎの実。黒く丸い形。「うばたま」「むばたま」とも。


【根蓴《ねぬなは》・根蓴菜《ねぬなは》】

水草の名。じゅんさい。若芽は食用。「ぬなは」とも。★隠れ沼の下よりおふるねぬなはの（隠れ沼の底から生える「ねぬなは」の名のように）〔古今〕

【合歓《ねぶ》・合歓木《ねぶ》】

木の名。ねむのき。対生している葉は、刺激を与えられたり夜になったりすると閉じて垂れる。夏、淡紅色の小さな筒状の花が咲く。★象潟や雨に西施がねぶの花（象潟が雨に煙っている。それは雨にぬれるねむの花のような沈んだ哀感があり、ちょうどかの美女の西施が憂いに眼を閉じてい

るような風情であるよ〕〔奥の細道〕

【蓮《はちす》】

「はす」の別名。▽実が蜂の巣に似るところから。★蓮の花さきわたれるに（はすの花が一面に咲きそろっていて）〔源氏〕

【帚木《ははきぎ》】
①草の名。ほうきぐさ。干して草ぼうきにする。▽季語=夏。
②信濃の国の園原にあったという伝説上の木。▽遠くからはほうきを立てたように見えて、近寄ると見えなくなるという。居るのに人に会わずに逃げる人や、情けがあるらしく見えて実のないことをたとえることもある。★ははきぎの心を知らで園原の道にあやなくまどひぬるかな（伝説の）帚木のように実のない（あなたの）心を知らないで（帚木のある）園原の道（=恋の道）にわけもなく迷ったことだなあ）〔源氏〕

【浜木綿】

浜辺に生える草の名。「はまおもと」の別名。▽幾重もの葉が茎を包み隠していることから、幾重にも隔てるもののたとえともされる。よく、熊野の景物として和歌に詠み込まれる。★み熊野の浦の浜木綿百重なす（熊野の浦の浜木綿の葉が百枚も重なっているように）〔萬葉〕

【浜荻《はまをぎ》】
①浜辺に生えている荻。
②「葦」の別名。★草の名も所によりて変はるなりなにはのあしはいせのはまをぎ（草の名前もその土地によって変わるものだよ。難波でいう葦は、伊勢で浜荻と呼ばれるものである）〔菟玖波集〕

【楸《ひさぎ》・久木《ひさぎ》】

木の名。あかめがしわ。▽一説に、「きささげ」とも。


【菱】

池や沼に生える水草の名。夏に白い花が咲く。実は、菱形で二本のとげがあり、食用・薬用。★君がため浮沼の池の菱摘むと我が染めし袖濡れにけるかも（あなたのために浮沼の池の菱を摘んでいると、私が自分で染めた着物の袖が濡れてしまったよ）〔萬葉〕

【柊《ひひらぎ》】

木の名。常緑で、葉は光沢があり、縁にとげがある。▽節分の夜に、枝を鰯の頭とともに門口にさして、邪気を払うまじないとした。★小家の門のしりくべ縄の鯔の頭、柊ら、いかにぞ（民家の門のしめ縄の鯔の頭や柊はどうしているであろうか）〔十佐〕

【藤《ふぢ》】

木の名。また、その花。★藤の花は、しなひ長く、色濃く咲きたる、いとめでたし（藤の花は、花房のしだれが長く、色が濃く咲いているのが、と

てもすばらしい)〔枕草子〕

【藤袴《ふぢばかま》】

「秋の七草」の一つ。茎・葉に香気がある。▽季語=秋。★秋の野に主なき藤袴も、もとの薫りは隠れて(秋の野に主がだれともわからず脱ぎかけられた藤袴も、もとの香は隠れて)〔源氏〕

【芙蓉《ふよう》】
①「はす」の花の別名。★芙蓉の御容もいまだ衰へさせ給はねども(蓮の花のようなご容貌も今も衰えてはいませんが)〔平家〕
②木の名。アオイ科の落葉低木。暖かい海辺などに自生もするが、多く庭木とされる。▽季語=秋。

【朴《ほほ》・厚朴《ほほ》】

木の名。ほおのき。初夏に黄白色のよい香りの花をつける落葉高木。ほおがしわ。★朴に紫の紙はりたる扇、ひろごりながらある(朴の木の骨)に紫の紙をはった扇が、広がったままである)〔枕草子〕

【真葛《まくず》】

葛の美称。★岡辺の真葛うらがれて(丘のほとりの真葛が原の葉末が枯れて)〔太平記〕

【真菰《まこも》・真薦《まこも》】

水辺に生える草の名。線形の葉は刈り取ってむしろなどに編む。また、実を食用とする。「菰」「真菰草」「かつみ草」とも。▽季語=夏。★水たたふ岩間の真菰刈りかねて(水が満ちて岩の間の真菰を刈り取ることができないので)〔山家集〕

【柾木《まさき》の葛《かづら》・真拆《まさき》の葛《かづら》】

常緑のつる性植物の名。古くは、つるをさいて鬘とし、神事に用いられた。まさき。▽ほかの木にからみついて長々とのびるので、「長し」の序詞となる。季語=秋。★とやまなるまさきの葛色づきにけり(人里近くの山にあるまさきの葛が、きれいに色づいてしまったよ)〔古今〕

【真榛《まはり》】

木の名。はんのき。実と樹皮を染料とした。★住吉の遠里小野の真榛もち摺れる衣の盛り過ぎゆく(住吉の遠里小野のはんのきで染めた着物が、盛りが過ぎて色あせてくる)〔萬葉〕

【檀《まゆみ》】

木の名。初夏に、緑がかった白色の小花が集まって咲く。秋に紅葉する。樹皮からは紙を作った。▽強靱な幹を弓の材料とするところからこの名がある。★南淵の細川山に立つ檀弓束巻くまで人に知らえじ(南淵の細川山に立つ檀の木。その檀の木で作った弓の弓束を巻くようにしっかりと結ばれるまで、人に知られないようにしよう)〔萬葉〕

【三稜草《みくり》・三稜《みくり》】

草の名。「うきやがら」の別名。沼や沢に自

生する多年生の水草。茎がすだれの材料となる。★三島江に生ふる三稜のすぢは絶えじを（三島江に生えているみくりのすじのように、私とあなたの関係は絶えないのだから）〔源氏〕

【耳菜草《みみなぐさ》】

畑や空地に生え、葉がねずみの耳に似ている雑草。若草は食用。


【木槿《むくげ》・槿《むくげ》】

木の名。夏から秋にかけて淡紫色・淡紅色・白色などの花が咲く。▽古くは「あさがほ」と呼ばれたとも。季語＝秋。★道のべのむくげは馬に食はれけり（街道を馬で行くと、道ばたにむくげの花が咲いている。と眺めるより早く、その花は馬に食われてしまったよ）〔野ざらし〕

【葎《むぐら》】

山野や道ばたに繁茂するつる草の総称。やえむぐら・かなむぐらなど。▽「浅茅」「蓬」とともに、荒れ果てた家や粗末な家の描写に用いられることが多い。季語＝夏。★朝日夕日をふせく蓬、葎の陰に（朝日や夕日を遮る蓬や葎の陰に（雪は深く積もって））〔源氏〕

【紫《むらさき》】

草の名。むらさき草。根から赤紫色の染料をとる。▽古くから武蔵野の名草として有名。季語＝夏。★むらさきのひともとゆゑに武蔵野の草はみながらあはれとぞ見る（紫草がただ一本生えているために、武蔵野の草という草が、ことごとくいとしいものだと思う）〔古今〕

【室《むろ》の木《き》・杜松《むろのき》】

木の名。「杜松（ねず）」の古名。海岸に多く生える。★我妹子が見し鞆の浦のむろの木は常世にあれど見し人そなき（私の妻が見た鞆の浦のむろの木は永遠にあるけれど、それを見た人はもういないことだよ）〔萬葉〕

【木欒子】

木の名。種子は丸く、数珠玉に用いる。もくげんじ。


【桃《もも》】

木の名。春、淡紅色または白色の花が咲く。実を食用に、種子は薬用にする。邪気を払う力があるとされた。★桃を用ちて鬼を避ふ縁なり（桃を用いて鬼を防ぐ由来である）〔日本書紀〕

【宿《やど》り木《ぎ》】
①寄生植物の総称。
②特に、えのき・くり・けやきなどに寄生する常緑低木の名。★そのものとなけれど、宿り木といふ名、いとあはれなり（取り立てていうほどのものではないが、宿り木という（木の）名前は、ほんとうに情趣がある）〔枕草子〕

【山藍《やまあゐ》】

植物の名。山野の日陰に群生し、葉の汁は藍色の染料とする。「やまゐ」とも。★紅の赤裳裾引き山藍もちて摺れる衣着て（紅の赤い裳裾を引き、山藍で染めた衣を着て）[萬葉]

【やまし】

草の名。「はなすげ」の別名。「やまじ」とも。


【山菅《やますげ》】
①山野に自生しているすげ。▽根が長く、葉が乱れていることを歌に詠むことが多い。★山菅のやまずて君を思へかも（山菅の根のように、途中で終わらないで長く、あなたを思っています）[萬葉]
②野草の名。「やぶらん」の古名。

【山橘《やまたちばな》】

木の名。「やぶこうじ」の別名。夏、白色の小花が咲き、冬、赤い実をつける。▽季語=冬。★あしひきの山橘の色に出でよ（山橘の赤い実のように、思いを出してください）[萬葉]

【山萵苣《やまぢさ》】

木の名。「えごのき」の別名。「やまちさ」とも。葉は卵形で、初夏に白色の花をつける。★山ぢさの白露重みうらぶれて（山萵苣が、白露が重いのでうつむいている）[萬葉]

【山吹《やまぶき》】

木の名。春、黄色の花が咲く。▽季語=春。★七重八重花は咲けどもやまぶきのみの一つだになきぞ悲しき（七重にも八重にも山吹の花は咲くけれど、実の一つさえつかないように、お貸しする蓑が一つもないのは悲しいことです）[後拾遺]

【譲《ゆづ》り葉《は》・交譲木《ゆづりは》】

木の名。新しい葉が出てから古い葉が落ちるので、親から子に譲るの意にとって、新年などの祝い事の飾り物とする。「ゆづるは」とも。▽季語=春。★ゆづるはの御井のうへより鳴き渡りゆく（ゆずりはの生えている御井の上方を鳴いて飛んでゆく）[萬葉]

【夕顔《ゆふがほ》】

つる草の一種。夏の夕方、朝顔に似た白い花が開き、朝しぼむ。▽季語=夏。★光ありと見し夕顔の上露にたそかれ時のそらめなりけり（光り輝いていると見た夕顔（の花）の上の露のようなお顔は、夕暮れ方の見まちがえでございました）[源氏]

【百合《ゆり》】

植物の名。山野に自生するが、栽培もされた。▽季語=夏。


【蘭《らに》】

植物の名。「ふじばかま」の別名。★蘭の香やてふの翅にたき物す（蘭の芳香がかおってくる。花にちょうがとまっているが、まるでその羽に香りをたきしめているようだ）[野ざらし]

【竜胆《りんだう》】

草花の名。秋、紫色の花が咲く。根は健胃

剤となる。★竜胆は、枝ざしなどもむつかしけれど、こと花どものみな霜がれたるに、いとはなやかなる色あひにてさし出でたる、いとをかし（竜胆は、枝のようすなどもむさくるしいけれど、ほかの花がみな霜枯れているのに、たいそう鮮やかな色あいで姿を現しているのは、とても美しい）［枕草子］

【若紫《わかむらさき》】

草の名。「むらさき」の別名。★春日野のわかむらさきの摺り衣しのぶの乱れ限り知られず（奈良の春日野の若い紫草で摺って染めた、しのぶ摺りの衣の模様が乱れているように、あなたへの思いで私の心の乱れはどこまで続くのか限りが知れません）［新古今］

【忘《わす》れ草《ぐさ》】

草の名。「やぶかんぞう」の別名。▽身につけると心の憂さを忘れると考えられていたところから、恋の苦しみを忘れるため、下着の紐に付けたりした。★忘れ草我が紐に付く香具山の古りにし里を忘れむがため（忘れ草を私の（衣服の）紐に付けています。香具山の懐かしい古里を忘れられるように）［萬葉］

【蕨《わらび》】

植物の名。早春に出る巻いている若葉を「早蕨」といい、食用にする。★わらびのほどろを敷きて、夜の床とす（わらびの伸びすぎた穂を敷いて、夜の寝床にする）［方丈記］

【吾木香《われもかう》・吾亦紅《われもかう》・地楡《われもかう》】

草花の名。晩秋、暗紅紫色の花が咲く。▽季語＝秋。★秋の草は…紫苑、吾木香、刈萱、竜胆、菊（秋の草は……紫苑、吾木香、刈萱、竜胆、菊などがよい）［徒然草］

【荻《をぎ》】

草の名。水辺や湿地に群生し、秋、黄褐色の穂を出す。すすきに似ている。▽秋風にそよいで葉ずれの音を立てるものとされる。季語＝秋。★葦辺なる荻の葉さやぎ（葦辺に生えている荻の葉がさやさやと音を立てて）［萬葉］

【尾花《をばな》】

「秋の七草」の一つ。すすきの花穂。▽形が獣の尾に似ていることからいう。季語＝秋。★高円の尾花ふきこす秋風に（高円の野の尾花の上を吹き過ぎる秋風に）［萬葉］

【女郎花《をみなへし》】

「秋の七草」の一つ。おみなえし。夏から秋にかけて、枝先に黄色の小さな花がたくさん咲く。▽季語＝秋。★女郎花咲きたる野辺をゆきめぐり（女郎花が咲いている野を巡り歩き）［萬葉］

古典の「花」

【梅《うめ》】奈良時代に中国から渡来し、唐風趣味の貴族に珍重された。当時は白梅だけで、雪に見立てたり、鶯と取り合わせて詠まれたりした。平安時代になると紅梅も輸入されたが、次第に花の主役の座は桜に譲るようになる。梅は色よりも香りが尊ばれ、懐かしい古里の花、懐旧の情を催す花となった。

【桜《さくら》】奈良時代・平安時代の桜は、山桜であった。『万葉集』では花の代表は梅や萩であり、花といえば桜をさすのは平安時代に入ってから。桜は美の象徴としてだけではなく、開花期間の短さからはかないものの象徴とされた。

動物

【青馬《あをうま》・白馬《あをうま》】毛色が淡い青色の馬。青みを帯びた灰色の馬。★水鳥の鴨の羽色のあをうまを今日見る人は限り無しといふ（水鳥の鴨の羽の色と同じ青馬を(正月七日の)今日見る人は寿命が限りないということだ）［萬葉］

【伊賀専女《いがたうめ》・伊賀姥《いがたうめ》】「きつね」の別名。▽口がうまく人をだますことの多い仲人をきつねにたとえていうことも。

【鯨《いさな》・勇魚《いさな》】くじら。▽「いさなとり」で枕詞として用いられる。

【鹿】「鹿」の別名。★その山にまた鳥あり。このかせぎを友として過す（その山にはまた鳥がいて、この鹿を友として暮らしていた）［宇治拾遺］

【蛙《かはづ》】①かじかがえる。かじか。山間の清流にすみ、澄んだ涼しい声で鳴く。▽「河蝦」とも書く。★朝雲に鶴は乱れ夕霧にかはづは騒く（朝雲に鶴は乱れ飛び、夕霧にかじかが鳴き騒ぐ）［萬葉］②かえる。▽季語＝春。

【蝙蝠《かはほり》】動物の名。こうもり。▽季語＝夏。★簾も、へりはかはほりに食はれて、ところどころなし（簾もへりはこうもりに食われて、ところどころ無くなっている）［大和］

【蛙《かへる》】動物の名。かえる。▽和歌では「かはづ」を用いる。季語＝春。★からすの群れゐて池の蛙をとりければ（からすが集まって(屋根に)とまって池の蛙をとったので）［徒然草］

【亀《かめ》】動物の名。万年の寿命を持つとされ、鶴とともにめでたい動物として貴ばれる。★大きなる亀の甲をふまへたり（大きな亀の甲を踏みつけた）［今昔］

【狐《きつね》】動物の名。稲荷明神の使いとされ、人を化かしたりとりついたりするといわれる。▽古くは「きつ」ともいった。季語＝冬。★狐、人のやうについ居て、さしのぞきたるを（狐が、人間のようにひざまずいて、のぞいているのを）［徒然草］

【蛇《くちなは》】

へび。★まことに多くの蛇ありてむくめく（本当に多くの蛇がいてうごめいている）〔今昔物語〕

【小《さ》牡《を》鹿《しか》】

雄の鹿。★小牡鹿の妻にすめる萩の露にも、をさをさ御心移したまはず（小牡鹿が妻にすると思われる萩の露にも、なかなかお心をお移しにならない）〔源氏〕

【鹿《しか》】

動物の名。雌を「めか」というのに対して、雄をさす場合が多い。▽季語=秋。★奥山に紅葉踏み分け鳴く鹿の声聞く時ぞ秋はかなしき（奥深い山に散り敷いた紅葉を踏み分けて鳴いている鹿の声を聞く時、とりわけ秋の悲しさを感じることだ）〔古今〕

【獣《しし》・鹿《しし》・猪《しし》】

けだもの。特に、その肉を食用とする獣をいい、鹿・猪をさすことが多い。▽両者を区別するときは、鹿を「かのしし」、猪を「ゐのしし」という。

【蜾《す》蠃《がる》】

「鹿」の別名。▽「じがばち」の古名で、鹿の腰が細いことからの呼び方。★すがる伏す木ぐれが下の葛まきを（鹿が伏している木陰の暗がりに葛がつるを伸ばしている）〔山家〕

【専《た》女《うめ》】

狐。古狐。悪賢いとされる。「伊賀専女」とも。

【谷《たに》蟇《ぐく》】

「ひきがえる」の古名。★たにぐくのさ渡る極み（ひきがえるが渡っていく果てまで）〔萬葉〕

【鴾《つき》毛《げ》・月《つき》毛《げ》】

馬の毛色の一つ。鳥の「とき」の羽の裏の色のような赤みを帯びた白い毛色。また、その馬。▽「鴾」は、鳥の「とき」の古名。

【黒《ふる》貂《き》】

動物の名。「黒貂（くろてん）」の古名。▽この皮で作った「皮衣」は、貴重なものとされた。★表着には黒貂の皮衣、いときよらに香ばしきを着たまへり（表着には黒貂の皮衣の、大変美しく良い香りであるのを着ていらっしゃる）〔源氏〕

【蛇《へみ》】

へび。▽「へび」の古い形。

【猿《ましら》】

「猿」の古名。▽こざかしい者や猿に似た顔つきの者をののしっていうときにも用いる。★わびしらに猿な鳴きそ（猿よ、心細げに鳴いてくれるな）〔古今〕

【野《や》干《かん》・射《や》干《かん》】

つね」に似た獣をいう。★さてかの后は野干となって走り失せけるぞ恐ろしき（さて、この后は狐となって走り失せたのは恐ろしいことよ）〔平家〕

【四《よ》つ足《あし》】

けもの。


【大蛇《をろち》】

大きな蛇。大蛇。うわばみ。★そのをろちを切りはふり給ひしかば（その大蛇を切り散らしなさったので）〔古事記〕

魚・貝

【鮑《あはび》・鰒《あはび》】

巻き貝の一つ。殻は二枚貝の片側だけのように見えるため、「あはびの貝の片思ひ」と使い、片思いを表す。★伊勢の海人の朝な夕なにかづくとふ鰒の貝の片思ひにして（（私の恋は）伊勢の漁師が朝夕に水中にもぐってとるというあわびの貝が一枚であるように片思いであって）〔萬葉〕

【鮎《あゆ》・年魚《あゆ》・香魚《あゆ》】

淡水魚の名。細長く、体長二十センチほど。★み吉野の吉野の鮎（み吉野の、その吉野の川の鮎）〔日本書紀〕

【石伏《いしぶし》・石斑魚《いしぶし》】

淡水魚の名。かじか。▽石の間に伏し沈んでいることからいう。季語＝秋。★鮎一籠、鮠一籠、石斑魚、小鮒入れさせ（鮎一籠、鮠一籠、いしぶし、小鮒を入れさせて）〔宇津保〕

【梅《うめ》の花貝《はながひ》】

海産の二枚貝の一種。殻は梅の花弁に似た小さな円形で、かんざしなど貝細工に用いる。


【鱗《うろくづ》】
①（魚などの）うろこ。
②魚。

【鰹《かつを》・堅魚《かつを》】

魚の名。かつお。▽季語＝夏。★浦島の子が堅魚釣り（浦島の子がかつおを釣り）〔萬葉〕

【貝《かひ》】
①貝。
②ほら貝。合図などに用いる。★かたはら

にかひをにはかに吹き出でたるこそ（そばでほら貝を突然吹き出したのには）［枕草子］

【寄居虫《かむな》・寄居子《かむな》】 貝の名。「やどかり」の古名。「かうな」「がうな」とも。★侍る所の焼け侍りにければ、がうなのやうに、人の家に尻をさし入れてのみ候ふ（私の暮らす所が焼けてしまいましたので、やどかりのように、他人の家に尻をさし入れて暮らしております）［枕草子］

【子安貝《こやすがひ》】 貝の名。たからがいの一種。「こやすのかひ」とも。▽妊婦が安産のお守りとする。★燕のもたる子安の貝（つばめの持っている子安貝）［竹取］

【錆鮎《さびあゆ》】 秋の産卵期に背や腹に鉄さびのような色が現れた鮎。落ち鮎。下り鮎。▽季語＝秋。

【鮪《しび》】 魚の名。「まぐろ」の異名。★藤井の浦に鮪釣ると海人舟騒き（藤井の浦にまぐろを釣ろうと漁師の舟が忙しく走り）［萬葉］

【潮貝《しほがひ》】 海にすむ貝。★伊勢の海の浦の潮貝拾い集め（伊勢の海の入り江の潮貝を拾い集め）［古今］

【名吉《なよし》・鯔《なよし》】 魚の名。「ぼら」または、その幼魚「いな」の別名。▽成長につれて呼び名が変わるのをめでたいとする「名吉し」から。★小家の門のしりくべ縄の鯔の頭、柊ら、いかにぞ（民家の門のしめ縄の鯔の頭や柊はどうしているであろうか）［土佐］

【鰭《はた》の狭《さ》物《もの》】 ひれのせまい魚。小さい魚。▽反対語＝鰭の広物。★鰭の広物鰭の狭物を追ひ聚めて（大きい魚小さい魚を集めて）［古事記］

【鰭《はた》の広物《ひろもの》】 ひれの広い魚。大きい魚。▽反対語＝鰭の狭物。★鰭の広物鰭の狭物を追ひ聚めて（大きい魚小さい魚を集めて）［古事記］

【蛤《はまぐり》】 二枚貝の一種。貝殻に飴、膏薬などを入れたり、貝合わせの遊びなどに使用する。▽季語＝春。★蛤のふたみに別れ行く秋ぞ（はなれがたい蛤の蓋と身が別れるように、自分はこの親しい人と別れて、伊勢の二見が浦へ旅立つことだ）［奥の細道］

【氷《ひ》魚《を》】 鮎の稚魚。琵琶湖や宇治川に多く産し、秋から冬にかけてとれる。朝廷に献上された。季語＝冬。▽体が半透明なことからの名。★この僧の鼻より、氷魚の一つ、ふと出でたりければ（この僧の鼻から、氷魚が一匹、不

まして出したので)[宇津保物語]

【夜久貝《やくがひ》・屋久貝《やくがひ》】

貝の名。「夜光貝」の別名。貝殻は緑色を帯び、磨くと淡紅色を呈し、螺鈿に用いたり、杯に作ったりする。


【鰐《わに》】

魚の名。「さめ」の古名。★八尋の鰐になりて、はらばひもごよふ(長くて大きなわにに化身して、はいつくばい身をくねらせる)[日本書紀]

想像上の生き物

【足長《あしなが》】

足の異常に長い、中国の想像上の人間。▽「手長」とともに清涼殿の「荒海の障子」に描かれている。★海賦に蓬莱山、手長、足長、金してまかせ給へり(海辺の景色の図に蓬莱山・手長・足長を金で蒔絵になさった)[大鏡]

【鬼《おに》】

恐ろしい姿をして人に害を与えるという想像上の怪物。★はや夜もあけなむと思ひつつゐたるに、おにはや一口に食ひてけり(早く夜が明けてほしいと思いながらすわっていた間に、鬼は(女を)すでに一口に食ってしまっていた)[伊勢]

【迦陵頻伽《かりょうびんが》】

仏典に見える想像上の鳥。美女の顔をもち、非常に声が美しいという。▽多く、仏の声にたとえられる。★迦陵頻伽の声もかくやと聞こえたり(迦陵頻伽の声もこのようであろうかと思われた)[栄花]

【麒麟《きりん》】

古代中国の想像上の獣。聖人が出現する前兆としてこの世に現れると伝える。▽雄を「麒」、雌を「麟」という。★孔子の時には麒麟出でたり(孔子の時代には麒麟が出現しました)[太平記]

【竜《たつ》】

想像上の動物の一つ。体は大蛇に似ていて、四脚で、背にうろこがある。顔が長く、角・耳・ひげがある。「りゅう」とも。▽水中に潜み、空を飛んで雲・雨を起こすという。★これは竜のしわざにこそありけれ(これは竜の所業であったそうだ)[竹取]

【手長《てなが》】

手の異常に長い、中国の想像上の人間。▽「足長」とともに清涼殿の「荒海の障子」に描かれている。★海賦に蓬莱山、手長、足長、金してまかせ給へり（海辺の景色の図に蓬莱山・手長・足長を金で蒔絵になさった）〔大鏡〕

【鵺《ぬえ》・鵼《ぬえ》】

想像上の怪獣の名。頭は猿、体は狸、手足は虎、尾は蛇、鳴き声はとらつぐみに似るという。源頼政が退治したという。★鵺という化鳥、禁中にないて（鵺という怪鳥が宮中で鳴いて）〔平家〕

【猫又《ねこまた》】

想像上の怪獣の一つ。猫が年老いて大きくなり、尾が二つに分かれたもの。化けて人を害するという。★奥山に、猫またといふものありて、人をくらふなる（奥山に猫またという怪獣がいて、人を食うそうだ）〔徒然草〕

【火《ひ》鼠《ねずみ》】

中国の想像上の動物の一種。南海の火山にすむ白鼠。▽その毛で織った布は火浣布といわれ、火に燃えないとされる。★阿倍の大臣、火鼠の皮衣持ていまして、かぐや姫に住み給ふとな（阿倍の大臣が、火鼠の皮衣を持っていらっしゃったので、かぐや姫とお住みになられるそうですね）〔竹取〕

【鳳凰《ほうわう》】

中国の想像上の鳥の名。頭は鶏、首は蛇、顎は燕、背は亀、尾は魚に似ており、羽に五色の模様がある大きな鳥。▽めでたい鳥とされ、天下に正しい道が行われれば、現れるという。★虞舜の代には鳳凰来たり（虞舜の代には鳳凰が飛来しました）〔太平記〕

【蛟《みづち》・虬《みづち》】

竜の一種。水中にすみ、毒気を吐いて人を苦しめるという想像上の動物。

鬼

鬼は、初めは、姿の見えない霊魂のようなものと考えられていた。鬼が人間の姿をした化け物と考えられるようになったのは後世で、仏教の羅刹・夜叉などの鬼神とも混同され、頭に角を生やし、腰に虎の皮を巻き、口が大きく裂けた恐ろしい顔形をした姿として想像された。

『伊勢物語』第六段では、男が盗んできた女とともに雨宿りをした倉で、女が鬼に一口で食べられてしまうという描写がある。また、「心の鬼」という表現で、心を責め苛む不安や恐れ、良心の呵責、よこしまな心などを表し、広く用いられた。

平安時代以降、疫病神とも考えられた。節分に鬼を追い払う風習は、宮中で大晦日の夜に行われた儀式である追儺（＝鬼やらい）が転じたもの。追儺は、疫病の神に扮した舎人を桃の弓、葦の矢で射て災難を打ち払う儀式であった。

鳥

【鸚鵡《あうむ》】鳥の名。おうむ。古くは西域の霊鳥とされ、日本には大化年間に新羅から渡来したといわれる。★ことどころのものなれど、鸚鵡、いとあはれなり(外国のものではあるが、おうむはたいそう心をひかれるものである)[枕草子]

【秋沙《あきさ》】鳥の名。鴨に似た、くちばしが細長い渡り鳥。「あいさ」とも。★山の際に渡るあきさの行きて居むその川の瀬に波立つなゆめ。(山あいの川には、あきさが飛んで行っていることであろう。その川の瀬よゆめゆめ波を立たせないでおくれ)[萬葉]

【䳄《あぢ》】水鳥の名。秋に飛来し、春帰る小形の鴨。あじがも。ともえがも。★山の端にあぢ群騒き(山の稜線のあたりにあじ鴨が群がって鳴き騒いで)[萬葉]

【斑鳩《いかるが》】鳥の名。山のふもとや林に住む。体は灰色で頭・翼・尾が黒色。まめまわし。「いかる」とも。★この二つの木に斑鳩と比米と二つの鳥大く集けり(この二本の木に、いかるがとひめの二種類の鳥がたくさん集まった)[萬葉]

【稲負鳥《いなおほせどり》】鳥の名。秋の末、この鳥の群れを見て稲を刈るという。「呼子鳥」「百千鳥」とともに、「古今伝授」の三鳥の一つ。▽季語＝秋。★我が門にいなおほせ鳥のなくなへにけさ吹く風に雁はきにけり(我が家の門口に稲負鳥がやってきて鳴くとともに、今朝の風に乗って雁が渡ってきた)[古今]

【鵜《う》】水鳥の名。鵜飼いに使われる。▽季語＝夏。★泊瀬の川の上つ瀬に鵜を八頭かづけ(泊瀬の川の上流で鵜をたくさんもぐらせ)[萬葉]

【鶉《うづら》】鳥の名。草原にすみ、秋の夕方、高い声で鳴く。飼育もされた。▽和歌では、秋のものさびしい景物として詠まれる。季語＝秋。★鶉鳴くなり深草の里(この深草の里では、うずらがもの寂しい声で鳴いているよ)[千載]

【大鷹《おほたか》】雌の鷹。雄よりも体が大きく、「大鷹狩り」に用いる。★大鷹の鷹飼ひにてさぶらはせ給ひける(〔男を〕大鷹の鷹飼としてお供をさせなさった)[伊勢]

【鵲《かささぎ》】鳥の名。からすより小さく、尾が長い。かちがらす。▽七夕伝説で有名。★鵲の渡せ

る橋に置く霜の白きを見れば夜そ更けにける（鵲が天の川に架けた橋を思わせる宮中の御階におりている霜の真っ白いのを見ると、もう夜も更けてしまったのだなあ）［新古今］

【鷗《かまめ》】

水鳥の名。かもめ。一説に鴨とも。★鷗立ち立つ（かもめがあちこち飛び交っている）［萬葉］

【鴨《かも》】

水鳥の名。秋から冬にかけて北方から渡来し、春に北方へ帰るものが多い。▽季語＝冬。★鴨すらに玉藻の上にひとり寝なくに（鴨でさえも美しい藻の上でひとりで寝ないことだのに）［萬葉］

【雁《かり》・鴈《かり》】

鳥の名。がん。秋に渡来し、春に北へ帰る。▽季語＝秋。★つとに行く雁の鳴く音は（朝早く飛んで行く雁の鳴く声は）［萬葉］

【雁の子・鴈の子】
①雁のひな。雁・鴨などの水鳥。▽後者では、「子」は愛称。★鳥座立て飼ひし雁の子巣立ちなば（鳥小屋を立てて飼っていた雁のひなたちよ、巣立ったならば）［萬葉］
②雁の卵。水鳥の卵。★あてなるもの。…かりのこ（上品なもの。…水鳥の卵）［枕草子］

【雉子《きぎし》】

「きじ」の古名。「きぎす」とも。


【雉《きじ》・雉子《きじ》】

鳥の名。「きぎし」「きぎす」とも。★いざ、この雉子、生けながらつくりて食はん（さあ、この雉子を生かしたままで料理して食おう）［宇治拾遺］

【水鶏《くひな》】

水辺にすむ鳥の名。くいな。▽鳴き声が戸をたたく音に似ているので、くいなが鳴くことを「たたく」という。季語＝夏。★水鶏のたたくなど、心細からぬかは（くいなが戸をたたくように鳴くなどは、もの寂しくないだろうか、いや、本当にもの寂しい）［徒然草］

【黒鳥《くろとり》】
①羽の色が黒い鳥。★黒鳥といふ鳥、岩の上に集まり居り（黒鳥と言う鳥が、岩の上に集まってとまっていた）［土佐］
②水鳥の名。「黒鴨」の古名という。

【小鷹《こたか》】

はやぶさ・はいたかなど小形の鷹。鷹狩りに使われる。★大将、中納言の御迎へに、人小鷹手に据ゑつつ参れり（大将、中納言のお迎えに、人々は小鷹を手に止まらせて参上した）［宇津保］

【鷦鷯《さざき》】

鳥の名。みそさざい。「ささぎ」とも。

【鴫《しぎ》・鷸《しぎ》】シギ科の水鳥の総称。渡り鳥で、くちばし・脚が長い。▽季語=秋。★白き鳥のはしと脚と赤き、鴫の大きさなる（白い鳥であって、くちばしと脚とが赤い、鴫くらいの大きさの（鳥）が）［伊勢］

【死出《しで》の田長《たをさ》】「ほととぎす」の別名。▽「賤の田長」の変化したもので、田植えの時期を知らせる鳥の意であったが、音が変化して「しで」となったので「死出」と当てられ、死出の山を越えて来る鳥の意となった。季語=夏。★名のみたつしでの田長はけさぞ鳴く庵あまた疎まれぬれば（悪い評判ばかりが立ち、ほととぎすは今朝も泣いています。住処が多いと疎まれたので）［伊勢］

【巧《たく》み鳥《どり》】「みそさざい」の別名。▽巣を作ることが巧みであることから。

【鶴《たづ》】鳥の名。つる。古くから、亀と共に長寿の象徴とされている。★若の浦に潮満ち来れば潟を無み葦辺をさしてたづ鳴き渡る（若の浦には潮が満ちて来ると干潟がなくなるので、葦の生えているあたりへ向かって鶴が鳴いて渡って行く。）［萬葉］

【千鳥《ちどり》】鳥の名。チドリ科の鳥の総称。川・海・湖沼の水辺に群れをなしてすむ。▽文学に表される四季の代表的な鳥は、春は梅に来る「鶯」、夏は卯の花に来て鳴く「時鳥」、秋は秋風とともに訪れる「雁」、冬は「千鳥」。季語=冬。★ぬばたまの夜の更け行けば久木生ふる清き川原にちどり數鳴く（夜がしだいに更けてゆくと、久木の生えている清らかな川原で千鳥がしきりに鳴いている）［萬葉］

【燕《つばくめ》】鳥の名。「つばめ」の別名。★燕のもたる子安の貝（つばめの持っている子安貝）［竹取］

【庭《には》つ鳥《どり》】鳥の名。にわとり。★物思ふと寝ねず起きたる朝明にはわびて鳴くなり庭つ鳥さへ（物を思って寝られずに起きた朝には、にわとりさえわびしく鳴いていることよ）［萬葉］

【鳰《にほ》】水鳥の「かいつぶり」の別名。湖沼にすみ、水中にもぐって魚を取る。「にほどり」とも。★にほ鳥のかづく池水（かいつぶりがもぐる池の水よ）［萬葉］

【鵼《ぬえ》・鵺《ぬえ》】鳥の名。とらつぐみ。夜、ヒョーヒョーと鳴く。「ぬえこどり」「ぬえどり」とも。▽鳴き声は、哀調があるとも、気味が悪いともされる。

【鵼小鳥】

鳥の名。「とらつぐみ」の別名。★心を痛みぬえこ鳥うら泣け居れば（心悲しくなって、ぬえこどりのように泣いていると）［萬葉］

【春告《はるつ》げ鳥《どり》】

「うぐいす」の別名。


【鵯《ひえどり》】

「ひよどり」の別名。


【時鳥《ほととぎす》・郭公《ほととぎす》・杜鵑《ほととぎす》・霍公鳥《ほととぎす》】

鳥の名。日本には夏の初めに各地に飛来して山中の樹林にすみ、秋の初めごろに南方へ去る。▽古来、夏の鳥として親しまれ、詩歌にも多く詠まれる。季語＝夏。★ほととぎすは、なほさらにいふべきかたなし（ほととぎすは、なんといってもまったく言いようがない（ほどすばらしい））［枕草子］

【鶚・雎鳩】

鳥の名。猛禽で、海岸・河岸などにすみ、水中の魚を捕る。岩壁に巣を作る。▽夫婦仲がよいとされる。★波こえぬ契りありてやみさごの巣（むつまじい鳥とされる「みさご」が、波が岩を越えることはないという、夫婦の固い約束があるからだろうか、このような北海の荒波の中でも巣を営んでいる）［奥の細道］

【都鳥《みやこどり》】

海に近い河川にすむ水鳥の名。今の「ゆりかもめ」。体は白く、くちばしと脚が赤い。▽懐かしい都の名をもつ鳥とされる。★名にし負はばいざ言問はむみやこどりわが思ふ人はありやなしやと（「都」という言葉を名として持っているのなら、さあ、都のことを尋ねよう。都鳥よ。私の恋しく思っているあの人は健在かどうかと）［古今］

【鵙《もず》・百舌《もず》・百舌鳥《もず》】

鳥の名。秋、高い木にとまって鋭い声で鳴く。虫・かえるなどを捕食し、獲物を木の枝に刺しておく習性がある。★秋の野の尾花が末に鳴くもずの声聞きけむか（秋の野のすすきの先に鳴くもずの声が聞こえるだろうか）［萬葉］

【百千鳥《ももちどり》】
①数多くの鳥。いろいろな鳥。★百千鳥さへづる春は物ごとにあらたまれども（いろいろな鳥がさえずる春は物みな新しくなるのに）［新古今］
②「ちどり」の別名。
③「稲負鳥」「呼子鳥」とともに「古今伝授」の三鳥の一つ。うぐいすのことという。

【宿貸《やどか》し鳥《どり》】

鳥の名。「かけす」の別名。▽一説に「つばめ」、「うぐいす」の別名とも。★山路わけ花をたつねて日は暮れぬ宿かし鳥の声もかすみて（山路に分け入り花を探しているうちに日が暮れた。宿貸鳥の声もかすんでいる）［西行法師集］

【山鳥《やまどり》】

野鳥の名。きじに似ている。▽やまどりは昼は雌雄が一緒にいるが、夜は峰を隔てて別々に寝るという言い伝えから「独り寝」することにいい、また、雄の尾羽の長いところから「長い」こと、特に「夜が長い」ことの形容に用いる。★あしひきのやまどりの尾のしだり尾の長々し夜をひとりかも寝む（山鳥の長く垂れ下がっている尾のように長い長い夜を、独りでさびしく寝ることかなあ）［拾遺］

【呼子鳥《よぶこどり》・喚子鳥《よぶこどり》】

鳥の名。人を呼ぶような声で鳴く鳥。「かっこう」の別名か。▽「古今伝授」で、「稲負鳥」「百千鳥」とともに三鳥の一つ。★呼ぶ子鳥いたくな鳴きそわがこひまさる（呼子鳥よひどくは鳴いてくれるな私の恋しさが増すから）［萬葉］

【鴛鴦《をし》】

「おしどり」の古名。★つがひし鴛鴦ぞ夜半に恋しき（対になったおしどりが、夜中には恋しかった）［紫式部］

虫・節足動物

【秋津《あきづ》・蜻蛉《あきづ》】

とんぼ。▽中古以後は「あきつ」。季語＝秋。★蜻蛉来て、その虻を咋ひて、飛びき（トンボが来て、その虻を食って飛んだ）［古事記］

【雨彦《あまびこ》】

節足動物の「やすで」の別名。★いなごまろ、あまびこなんどつけて、召し使ひたまひける（召し使いの子どもに）いなごまろ、あまびこなどと名を付けてお使いになる）［堤中納言］

【稲子麿《いなごまろ》】

虫の名。いなご。▽いなごを人のように扱っていう。★いなごまろ、あまびこなんどつけて、召し使ひたまひける（召し使いの子どもにいなごまろ、あまびこなどと名を付けてお使いになる）［堤

中納言」


【蟷螂《いぼじり》】

虫の名。かまきり。「いぼうじり」とも。★蟷螂、蝸牛などを取り集めて（かまきりやかたつむりなどを採集して）［堤中納言］

【蜻蛉《かげろふ》・蜉蝣《かげろふ》】
①虫の名。とんぼ。
②虫の名。とんぼに似た、小さく弱々しい昆虫。透明で大きな前翅をもつ。▽成虫は寿命が非常に短く、はかないもののたとえに用いられる。★つらかりける契りどもを、つくづくと思ひ続け眺めたまふ夕暮、蜻蛉のものはかなげに飛びちがふを（つらい縁であったことどもを、つくづくと思い出し物思いにふけっていらっしゃる夕暮れに、蜻蛉が頼りなさそうに飛び交っているのを）［源氏］

【蝸牛《かたつぶり》】

かたつむり。▽季語＝夏。★蟷螂、蝸牛などを取り集めて（かまきりやかたつむりなどを採集して）［堤中納言］

【皮虫《かはむし》・烏毛虫《かはむし》】

毛虫。★烏毛虫は袖に拾ひ入れて、走り入り給ひぬ（姫君は）毛虫を袖に拾い入れて、走って中に入って行かれた）［堤中納言］

【螽蟖《きりぎりす》・蟋蟀《きりぎりす》】

虫の名。いまの「こおろぎ」。★きりぎりす鳴くや霜夜のさむしろに衣片敷きひとりかも寝む（こおろぎが鳴く、この霜の降りる夜の寒さのなか、小さな筵の上に衣の片袖を敷いて、（私は）独りでわびしく寝るのだろうかなあ）［新古今］

【くつくつぼふし】

蟬の一種。つくつくぼうし。


【桑子】

「蚕」の別名。▽季語＝春。★なかなかに人とあらずは桑子にもならましものを（いっそのこと、人ではなく蚕にでもなってしまいたい）［萬葉］

【蟋蟀《こほろぎ》】

虫の名。こおろぎ。上代には、秋の夜に鳴く虫の総称として用いられたともいう。▽上代と近世以降の語で、平安時代から中世にかけては、「きりぎりす」と呼ばれた。★蟋蟀の待ちよろこぶる秋の夜を（こおろぎが待ち喜ぶ秋の夜を）［萬葉］

【細蟹《ささがに》・細小蟹《ささがに》】

「蜘蛛」の別名。待ち人が訪れ来る前兆を人に示すといわれた。また、蜘蛛の糸。★今しはとわびにしものをささがにの衣にかかり我を頼むる（今はもう来ないだろうとがっかりしてしまったのに、蜘蛛が衣にかかり私を期待させることよ）［古今］

【紙魚《しみ》・衣魚《しみ》】 虫の名。和紙や衣類を食う小さな虫。▽季語＝夏。★紙魚といふ虫の棲み処になりて、古めきたる黴臭さながら、跡は消えず（紙魚という虫の住処になって、古くさくかびくさいながら、筆の跡は消えず）［源氏］

【蜾蠃《すがる》】「じがばち」の古名。▽腹部がくびれていることから、女性の細腰にたとえる。★飛び翔けるすがるのごとき腰細に（飛びまわるじがばちのような細い腰に）［萬葉］

【鈴虫《すずむし》】 虫の名。古くは、今の「松虫」をさしたという。▽季語＝秋。★虫は、鈴虫（虫は、鈴虫がよい）［枕草子］

【蟬《せみ》】 虫の名。「せび」とも。▽季語＝夏。★閑かさや岩にしみ入るせみの声（あたりは静寂そのものである。この静寂の中で、ただ蟬の鳴き声だけが、苔むした岩の中へしみ通って行くように聞こえる。さながら私も静寂の中へ溶け込んでいく心持ちである）［奥の細道］

【蜘蛛《ちちゅう》】 虫の名。くも。「ちちゅ」とも。★紀州名草の郡高雄の村に、一つの蜘蛛あり（紀州名草の郡、高雄村に一つの蜘蛛がいた）［平家］

【蝶《てふ》】 昆虫の名。ちょう。▽季語＝春。★異事の筋に、花や蝶やと書けばこそあらめ（別の事柄で、花だ蝶だと書いたのならばともかく）［源氏］

【蜻蛉《とんばう》・蜻蜓《とんばう》】 虫の名。とんぼ。「とうばう」とも。▽季語＝秋。

【夏虫《なつむし》】 夏に出て来る虫の総称。特に、夏の夜、灯火に集まって来る、蛾などの虫のこと。★夏虫の火に入るがごと（夏虫が火に集まるように）［萬葉］

【額突《ぬかづ》き虫《むし》・叩頭虫《ぬかづきむし》】 虫の名。こめつきむし。★ぬかづき虫、…さる心地に道心おこして、つきありくらむよ（米つき虫、…そんな虫の心にも仏道を求める心を起こして、頭を下げて歩き回っているのだろうよ）［枕草子］

【機織《はたおり》】 虫の名。「きりぎりす」の別名。▽季語＝秋。★虫は…はたおり、われから、ひをむし（虫は…はたおり、われから、ひおむし（なども、よい））［枕草子］

【蜩《ひぐらし》】 蟬の一種。「かなかな」と鳴く。▽季語＝秋。

★夕影に来鳴くひぐらしここだくも日ごとに聞けど飽かぬ声かも（夕暮れ時に来て鳴くひぐらしの声はこんなにも日毎に聞いても飽きない声だなあ）［萬葉］

【蜏《ひをむし》】

虫の名。朝に生まれて夕方には死ぬといい、「かげろう」の類かという。▽はかないものをたとえることもある。★虫は…はたおり、われから、ひをむし（虫は…はたおり、われから、ひおむし（なども、よい））［枕草子］

【蛍《ほたる》】

虫の名。夏の夜、光を発しながら飛び交う。▽季語＝夏。★かがり火どもの影の、遣り水の蛍にみえまがふも、をかし（かがり火の光を、遣り水の蛍に見まちがえるのも、趣深い）［源氏］

【松虫《まつむし》】

虫の名。今の鈴虫をさすという。▽古くは、今の松虫は「鈴虫」といい、その名が現在と反対であったというが、根拠となる確かな資料は見当たらない。季語＝秋。★秋の野に人まつ虫の声すなり（秋の野に人を待つ松虫の声がするのが聞こえる）［古今］

【蓑虫《みのむし》】

みのがの幼虫。小枝や葉で筒状の巣を作り、枝にぶら下がって冬を越す。★蓑虫、いとあはれなり（蓑虫は、大変風情がある）［枕草子］

人体

頭・髪

【朝寝髪《あさねがみ》】

朝起きたままの乱れた髪。★朝寝髪我れは梳らじうるはしき君が手枕触れてしものを（朝起きたままの乱れ髪を私はくしけずらないでおこう。うるわしいあなたが手枕でふれた髪だから）［萬葉］

【尼削《あまそ》ぎ】

少女の髪型の一つ。尼のように、垂れ髪を肩のあたりで切りそろえた型。★この春より生ふす御髪、尼削ぎのほどにて（この春から伸ばしている御髪は、尼削ぎほどの長さで）［源氏］

【項《うなじ》】

首の後ろ。えりくび。▽「項後（うなじり）」の変化した語。★項をそらしてこれを観る（首の後ろをそらせてこれを見上げている）［八犬伝］

【髫《うなゐ》・髫髪《うなゐ》】

子供の、髪を首のあたりに垂らして切りそろえた髪型。


【掛《か》かり端《ば》・懸《か》かり端《ば》】

髪が額から頬の両側に垂れ下がっているようす。★頭つき、髪のかかりば、いとをかしげなりと見るほどに、灯消えぬ（頭の形、髪が頬にかかっているようす、いかにも愛らしいと見ているうちに灯りが消えた）［落窪］

【頭付《かしらつ》き】

頭のようす。髪の形。★いとらうたげにてかしらつきをかしげにて様体いとあてはかなり（たいそうかわいらしくて、髪のようすも美しく姿かたちもとても上品である）［蜻蛉］

【髪《かみ》のかかり】

女性の、髪が肩や背に垂れ下がっているようす。★うつ臥したまへる、髪のかかり髪ざしなど、なほいとありがたげなり（うつむいていらっしゃる、その髪の垂れかかる風情や髪かたちなど、やはり本当にめったにないようすだ）［源氏］

【髪状《かんざし》】

女性の、額のあたりの髪のようす。また、髪の生え具合。「かんざし」とも。★いはけなくかいやりたるひたひつき、髪ざし、いみじううつくし（あどけなく（髪を）払いのけた額のようす、髪の生え具合が、たいそうかわいらしい）［源氏］

【切《き》り髪《かみ》】
①肩の辺りで切りそろえた少女の髪型。振り分け髪。「きりがみ」とも。★思へこそ年の八年を切り髪のよち子を過ぎ（あなたを思っているからこそ私は八年の間切り髪の子ども時代を過ごし）［萬葉］
②江戸時代の女性の髪型の一つ。髻を結わずに髪を束ねて後ろに下げ、先端を切りそろえたもの。武家の未亡人の髪型。切り下げ髪。「きりがみ」とも。

【下《さ》がり端《ば》】

髪の垂れ下がった端。女性の垂れ髪を肩の辺りで切り下げたものにいうことが多い。★かみいと長くうるはしく、下がり端などめでたき人（髪が非常に長く美しく、垂れた髪の先などが見事である人（もうらやましい））［枕草子］

【喉《のんど》・咽《のんど》】

のど。▽「飲み門」の変化した語。★御喉かわかせ給ひたれば（おのどがかわきなさったので）［今昔物語］

【額髪】女性の前髪で、額から左右に分けて頬の辺りに垂らしたもの。また、額にかかる髪。★まろかれたる御額髪ひきつくろひ給へど（（涙のために）丸く一つに固まった御額髪をお整えなさるけれども）［源氏］

【鬢《びん》】頭の左右、耳の上にある髪。★内甲にからみたる鬢の髪を押しのけ（額のあたりにまといついている鬢の髪を払いのけて）［太平記］

【鬢頬《びんづら》】少年の髪型の一つ。髪を頭の中央から左右に分けて、それぞれ両耳の辺りで輪の形に束ねたもの。「びづら」とも。★鬢頬結ひたまへるは、今少しをかしげにめでたくおはす（鬢頬を結っていらっしゃるのが、少し愛らしく、きれいでいらっしゃる）［宇津保］

【振り分け髪】童男童女の髪型の一つ。頭頂から髪を左右に振り分けて垂らし、肩の辺りで切りそろえる。八歳ごろまでの髪型。「振り分け」とも。★比べ来しふりわけがみも肩過ぎぬ（お互いに長さを比べ合ってきた私の振り分け髪も、肩を過ぎるほどに伸びてしまいました）［伊勢］

【角髪《みづら》・角子《みづら》】男性の髪型の一つ。髪を頭の中央で左右に分け、耳のあたりで束ねて結んだもの。▽上代には成年男子の髪型で、平安時代には少年の髪型となった。★いただきて角髪のなかにあへ纏かまくも（頭の上に載せてみずらの中に一緒に巻こうものを）［萬葉］

【猪首《ゐくび》なり】首が太く短い。★この男、背短にて、ゐくびにして（この男は、背が低くて、首が太く短いようすで）［諸艶大鑑］

顔

【腭門《あぎと》・腭《あぎと》・腮《あぎと》】あご。★落つれば首を掻き切つて、腭門を喉へ貫き（（敵が馬から）落ちると首を掻き切って、（刀を）あごから喉へと突き通し）［太平記］

【尼額《あまびたひ》】「尼削ぎ」にした額。尼になって前髪を切った額。★さだ過ぎたる尼額のみつかぬに（盛りをすぎた尼削ぎの額のなじんでいないのに）［源氏］

【否目《いやめ》・嫌目《いやめ》】悲しそうな目つき。涙ぐんでいる目。★ものの初めに形異にて乗り添ひたるをだに思ふに、なぞ、かくいやめなる（ご結婚のはじめに尼姿で同乗することだけでも不吉に思うのに、このように涙ぐんでいる）［源氏］

【頤《おとがひ》】

下あご。あご。★寒きことといとわりなく、おとがひなどおちぬべきを（寒いことは非常に何とも耐え難く、あごなども落ちてしまいそうなのを）［枕草子］

【面様《おもやう》】

顔だち。★額髪長やかに、面やうよき人の（額にかかる髪が長々として、顔だちが良い人の）［枕草子］

【面輪《おもわ》】

顔。顔面。★望月の足れるおもわに（満月のようにまるく満ち満ちている顔で）［萬葉］

【託《かこ》ち顔《がほ》】

うらめしそうな顔。不満そうな顔。★嘆けとて月やは物を思はするかこち顔なるわが涙かな（嘆き悲しめといって、月は私に物思いさせるのか、いや、そうではない。月にかこつけがましくこぼれ落ちる、私の涙であるなあ）［千載］

【顔《かほ》ばせ】

顔だち。顔つき。「かんばせ」とも。▽古くは「かほはせ」。


【渋面《じふめん》・十面《じふめん》】

にがにがしい顔。不機嫌そうな顔。しかめっ面。


【知《し》らず顔《がほ》】

知らないふりをすること。そしらぬ顔。「しらぬがほ」とも。★便なきことと言ひつるをも知らず顔に（とんでもないことと答えたのも知らない顔で）［蜻蛉］

【つれなし顔《がほ》】

そしらぬ顔。★うちつけにも言ひかけたまはず、つれなし顔なるしもこそいたけれ（急にはおっしゃらず、そしらぬ顔でいらっしゃるのは大したものだ）［源氏］

【額《ひたひ》付《つ》き】

額のようす。額の形。★いはけなくかいやりたるひたひつき、髪ざし、いみじううつくし（あどけなく（髪を）払いのけた額のようす、髪の生え具合が、たいそうかわいらしい）［源氏］

【眼皮《まかは》・目皮《まかは》】

まぶた。目をおおう皮。★目皮らいたく黒み落ち入りて、いみじうはつれそそけたり（まぶたは黒く落ちこんで、髪はひどくほつれてばさばさになっている）［源氏］

【眦《まじり》・目尻《まじり》】
①目じり。まなじり。★憎げもなけれど、いと腹悪しげに目尻引き上げたり（憎らしくもないが、ひどく意地悪そうに目じりを引き上げている）［源氏］
②目つき。★なほ許されぬ御心ばへあるさまに、御目尻を見たてまつりはべりて（やはりお許しにならないお気持ちの様子に、御目つきを拝見いたしまして）［源氏］

【目間・目交】目と目の間。目の辺り。目の前。▽「ま」は目の意、「かひ」は交差するところの意。★まなかひにもとなかかりて安眠し寝さぬ（目の前にちらついて安眠をさせてくれないことだ）［萬葉］

【目《ま》伏《ぶ》し】目つき。まなざし。★この聖も、丈高やかに、まぶしつべたましくて（この聖も、背丈が高く、目つきが冷酷であって）［源氏］

【眉《まゆ》】まゆげ。細い三日月形のものをたとえていうこともある。★まゆのわたりうちけぶり（まゆげのあたりがほんのりと美しく見え）［源氏］

【眉《まゆ》黒《ぐろ》なり】（そったりせず）黒々とした眉だ。★いとまゆぐろにてなむ、にらみたまひけるに（たいそ

にらみなさったので）［堤中納言］

【眉《まよ》根《ね》】眉。「まゆね」とも。★あをやぎの細き眉根を（青柳のように細い眉を）［萬葉］

【柳《やなぎ》の眉《まゆ》】美人の細く美しい眉。▽「柳眉」の訓読。★さかしらに柳の眉のひろごりて（おせっかいに眉のような柳の葉が広がって）［枕草子］

からだ

【足裏《あなうら》・蹠《あなうら》】足の裏。

【足末《あなすゑ》】足の先。★頭から足末までに綾、錦を裁ち切りて（頭からつま先まで、綾や錦を裁ち切って着せるばかりにたいせつにし）［宇津保］

【指《および》】指。「おゆび」とも。★いとをかしげなるおよびにとらへて、大人などに見せたる、いとうつくし（幼児が塵を）たいそう愛らしい指につまんで、大人などに見せている、（その姿は）たいそうかわいらしい）［枕草子］

【肩《かた》】

肩。鳥の翼の付け根の部分や、獣や虫の前脚の付け根のあたりにもいう。★比べ来しふりわけがみも肩過ぎぬ(お互いに長さを比べ合ってきた私の振り分け髪も、肩を過ぎるほどに伸びてしまいました)[伊勢]

【肱《かひな》・腕《かひな》】肩からひじまでの間。二の腕。また、肩から手首までの間。腕。★腕をさし出でたるが、まろらかにをかしげなるほども(腕をさし出しているのが、まるまるしていて美しげであるようすも)[源氏]

【踵《くびす》・跟《くびす》】かかと。きびす。★叡岳の滅亡踵をめぐらすべからず(比叡山の滅亡はあっという間であろう)[平家]

【小手《こて》】

を添へてつと打ち落とす(左の腕を手首もろともさっと切り落とし)[義経記]

【小脛《こはぎ》】まくり上げた袴の裾から少し見えているすね。★こはぎにて半靴はきたるなど、木の下に立ちて(袴をまくり上げてすねを出して、半靴を履いているのなどが木の下に立って)[枕草子]

【腓《こむら》・膊《こむら》】ふくらはぎ。「こぶら」とも。★男の袴を褰げて見れば、膊爛て、骨現に見ゆ(この男の袴をまくってみると、ふくらはぎがただれて、骨がむき出しに見えた)[今昔]

【尻《しり》】腰の後ろ下の部分。臀部。★男の尻をふたと蹴たりければ(男の尻をぽんと蹴ったところ)[今昔]

【背《そびら》】背。背中。うしろ。★背には千入の靫を負ひ(背中には矢が千本入る靫を背負い)[古事記]

【腕《ただむき》・臂《ただむき》】腕。ひじから手首までの間の部分。★根白の白腕枕かずけばこそ(大根の根のように白い腕を枕として共寝しなかったならば)[古事記]

【掌《たなうら》】手のひら。▽「た」は「手」の意。

【袂《たもと》】ひじから肩までの部分。手首、および腕全体にもいう。★唐玉をたもとに纏かし(唐渡りの玉を手首にお巻きになって)[萬葉]

【踝《つぶなぎ》】くるぶし。つぶなき。「つぶふし」とも。

【手の掌】手のひら。たなごころ。「掌(たなうら)」とも。

【脛《はぎ》】すね。足の膝から下、くるぶしから上の部分。★汐越や鶴はぎぬれて海涼し(汐越の浅瀬に鶴が下り立って餌をあさっている。その鶴の長い足が波にぬれて、いかにも涼しげな海の景色である)[奥の細道]

【臍《ほぞ》】へそ。★時に乗じてこれを誅せずんば、後の禍ほぞをかむとも益なからん(時勢に乗ってこれを討ちとらなくては、後の災いをくやんでも何の益もないであろう)[太平記]

【馬手《めて》・右手《めて》】右手。★弓手の腕、めてより四寸長かりければ(為朝は)左手の腕が右手より四寸長かったので)[保元]

【諸手・双手・二手】左右の手。両手。

【弓手《ゆんで》・左手《ゆんで》】弓を持つ方の手。左の手。★弓手の腕、めてより四寸長かりければ(為朝は)左手の腕が右手より四寸長かったので)[保元]

【膕筋《よほろすぢ》】膝の裏側のくぼんだ部分にある大きな筋肉。★膕筋を断たれれば、逃ぐべき様無し(膝の裏のすしを切られているので、逃げる方法も無いのだ)[今昔]

【弱腰《よわごし》】腰の上部のくびれた部分。★鷹はよわ腰をとることとなれば(鷹は、獲物の弱腰をつかむものであるから)[徒然草]

体つき・姿勢

【老《お》い屈《かが》まる】年をとって腰が曲がる。★おいかがまりて室の外にもまかでず(北山の僧は)年をとって腰が曲がって庵室の外にも参りません)[源氏]

【腰居《こしゐ》る】腰が立たなくなる。腰が抜ける。★或は目しひたるもあり、或はこしゐたるもあり(集まった人々の中に)あるいは目の見えなくなった者もおり、あるいは腰の立たなくなった者もいる)[古今著聞]

【高跪《たかひざまつ》き】両ひざを地につけ、腰を伸ばして身体を起こした姿勢。★丑寅のすみの高欄に、高ひざまづきといふゐずまひに、御前のかたにむかひて(北東の隅の高覧の所に「高ひざまずき」という

座り方で、御前の方に顔を向けて）［枕草子］

【腹高《はらたか》し】

妊娠して腹がふくれている。★老いたる女のはらたかくてありく（年とった女が妊娠して腹がふくれていて出歩くのは似合わないものだ）［枕草子］

食べ物

【朝食《あさけ》・朝餉《あさけ》】

朝の食事。「け」は食事の意。▽のちに「あさげ」。反対語＝夕食。


【甘葛《あまづら》】

つる草の「甘葛」の樹液を煮詰めて作った甘味料。★削り氷にあまづら入れて、あたらしき鋺に入れたる（削った氷に甘葛を入れて、新しい金属の碗にいれたのは優雅だ）［枕草子］

【青挿《あをざ》し】

青麦を煎り、臼でひいて糸状にひねった、青みを帯びた菓子。▽季語＝夏。★青ざしといふ物を持て来たるを（青ざしというものを持ってきたのを）［枕草子］

【磯物《いそもの》】

磯近くでとれる海藻・小魚・貝などの類。


【打《う》ち鮑《あはび》】

鮑の肉を薄く長く切り、のばして干したもの。祝儀の席の酒のさかなとされた。「のしあわび」とも。★一こんに打ち鮑、二こんに海老、三こんにかいもちひにてやみぬ（一献のお膳に打ち鮑、二献のお膳に海老、三献のお膳にぼたもちでおわった）［徒然草］

【押《お》し鮎《あゆ》】

塩漬けにしておもしをかけた鮎。年の魚。元日の祝いなどに用いる。▽季語＝春。★求めしもおかず。ただ、押鮎の口をのみぞ吸ふ（あらかじめ求めてもおかなかった。ただ押し鮎のくちをしゃぶるだけであった）［土佐］

【掻《か》い餅《もちひ》】

ぼたもちの類。一説に、そばがき。「かいもち」とも。★いざ、かいもちひせんと言ひけるを（「さあ、ぼたもちを作ろう」と言ったのを）［宇治拾遺］

【結果《かくなわ》】

曲がりくねって交差したひもの形の、油で揚げた菓子の名。★かくなわに思ひ乱れて（（菓子の）かくなわのように思い乱れて）［古今］

【唐果物《からくだもの》】

唐（中国）から伝わった菓子。唐菓子。★唐果物の花、いと殊なり（花形に作った唐菓子がたいそう美しい）［宇津保］

【乾鮭《からざけ》・干鮭《からざけ》】

さけの干物。北国の名産。▽季語＝冬。★乾鮭といふものを、供御に参らせたりけるを（乾鮭というものを天皇の召し上がりものに献上されたところ）［徒然草］

【果物】

食用になる果実。また、菓子や間食に食べる軽い食べ物。★果物、ひろき餅などを、物に入れてとらせたるに（くだもの、伸した餅なども、入れ物に入れて与えたところ）［枕草子］

【削《けづ》り氷《ひ》】

削った氷。かきごおり。★削り氷にあまづら入れて、あたらしき鋺に入れたる（削った氷に甘葛を入れて、新しい金属の碗にいれたのは優雅だ）［枕草子］

【籠物《こもの》】

籠に入れた果物。籠に入れたもの。▽献上物や儀式などに用いる。★その日の御前の折櫃物、籠物など、右大弁なむ承りて仕うまつらせける（その日の午前の折櫃物や籠物などは、右大弁が承って調えさせたのだった）［源氏］

【精進物】

魚・肉を用いず、野菜・海草などを材料にした食べ物。「しゃうじんもの」とも。★精進物のいとあしきをうち食ひ、寝るをも（精進の食事のたいそう粗末なものを食べ、寝るとしても）［枕草子］

【肴《さかな》】

酒を飲むときの副食物の総称。★御肴なにがな（お酒の肴（＝おつまみ）が何かしら（ほしい））［徒然草］

【索餅《さくべい》】

小麦粉と米の粉を練って、縄のようにねじり、油で揚げた菓子。麦索（むぎなわ）。▽陰暦七月七日の節句に熱病よけのまじないとして内膳司から宮中に奉った。


【肉醤《ししびしほ》・醢《ししびしほ》】

魚や鳥の肉を塩漬りにしたもの。

【菽水《しゅくすい》】

粗末な食べ物。▽豆と水の意。


【白干《しらほ》し・白乾《しらほ》し】

魚・鳥・野菜などを、塩につけずにそのまま干した食品。素干し。★鮭といふ魚、参らぬ事にてあらんにこそあれ、鮭の白乾しなでふ事かあらん（鮭という魚を差し上げないことに決まっているならばともかく、鮭の白干しになんということがあろうか）［徒然草］

【粽《ちまき》・茅巻《ちまき》】

米の粉を水でこねたものを、笹や真菰の葉で巻き、蒸して作った餅。端午の節句に食べる。▽季語＝夏。


【母子餅《ははこもちひ》】

ははこぐさ（＝「ごぎょう」の別名）の若葉を混ぜてついた餅。▽陰暦の三月三日についた。


【粉熟《ふずく》】

菓子の名。米・麦・豆・粟・黍などの粉を餅にしてゆで、甘葛を加えてこね合わせたものを竹筒に入れて固めたもの。▽「ふんじゅく」の変化した語。★高坏どもにて、粉熟まゐらせたまへり（高坏の数々に粉熟を盛ってさしあげなさる）［源氏］

【真魚《まな》】

（食べ物として）食膳に出す魚。


【焼《や》き物《もの》】

（魚・鳥・獣の肉などを）焼いて調理した料理。★煎物にても甘し、焼物にても美き奴ぞかし（煮物にしてもおいしいし、焼き物にしても美味なやつであることですよ）［今昔］

【湯《ゆ》漬《づ》け】

蒸した強飯を熱い湯の中につけた食べ物。★「例の、あなたに」と聞こえて、御湯漬けなど参らむとすれど（「いつもの、あちらのお部屋に」と申し上げて、お湯漬けなどを差し上げようとするが）［源氏］

【夕食《ゆふけ》・夕餉《ゆふけ》】

夕方の食事。夕飯。▽のちには「ゆふげ」。反対語＝朝食。


【折櫃物《をりびつもの》】

「折り櫃」に入れた食べ物。★籠物四十枝、折櫃物四十（籠物が四十枝、折櫃物が四十（あった））［源氏］

【赤疱瘡《あかもがさ》】病気の一つ。はしか。

【足の気《あしのけ》】足の病気。脚気。

【暑気《あつけ》】暑さで病気になること。暑気あたり。★女君はあつけにや悩ましうて見給へば（女君は暑気あたりで苦しそうに見えなさるので）［落窪］

【労《いたつ》き・病《いたつ》き】病気。★身にいたつきのいるも知らずて（我が身に病気が入り込んでくるのも知らないで）［古今］

【癒やす】（病気・飢え・苦しみなどを）なおす。★万の病をいやしけり（あらゆる病気をなおしたということだ）［徒然草］

【打《う》ち悩《なや》む】（病気などで）苦しむ。病気になる。★源氏の君、いたううちなやみて（源氏の君が、ひどく病気で苦しんで）［源氏］

【疫《え》】流行性の病気。疫病。えやみ。

【疫癘《えきれい》】疫病。流行性の病気。★あまりさへ疫癘うち添ひて（そればかりか疫病まで加わって）［方丈記］

【疫病《えやみ》】流行性の悪い病気。★疫病、妖災、蝗などをもよく祈るよしにて（流行性の病気、もののけ、稲の害虫などもよく祈る人だということで）［雨月］

【咳気《がいき》】咳の出る病気。風邪など。★咳気を祈るは風の宮（風邪を祈るのは風の宮）［女殺油地獄］

【風疿《かざほろし》】風邪で熱が出ることによって生じるとされる、皮膚の発疹。風花。

【薬《くすり》の事《こと》】病気。▽薬を用いる事柄の意から。

【瘇《こひ》】足がむくむ病気。脚気の類。

【業病《ごふびやう》】前世の悪業の報いとして受ける病気。★あ

に先世のごふびゃうを治せんや（どうして前世の悪い行いの報いによる病気を治せようか）［平家］

【作病《さくびゃう》す】病気だと偽ること。仮病。★作病してひきこみければ（仮病を使って（家に）閉じこもったので）［浮世物語］

【ししこらかす】（病気を）こじらせる。★ししこらかしつる時は、うたて侍るを（病気を）こじらせてしまうと、いやでございますから）［源氏］

【咳《しはぶき》】せき。▽季語=冬。★しはぶきなど、いたうせらるるを（せきなど、ひどくなさるのを）［蜻蛉］

【所労《しょらう》】病気。わずらい。★最後の所労の有様こそうたてけれ（最後の病気のようすは情けないものであった）［平家］

【恙《つつが》】病気。わずらい。さしさわり。★わが身につつがある心地するも（自分のからだに病気がある気がするが）［源氏］

【腹心《ふくしん》の病《やまひ》】腹や心の中に生じた病気。救いがたい重病。★越は腹心の病ひなり（越は腹心の病です）［太平記］

【風病《ふびゃう》】風の毒に犯されて起こる病気。風邪も含み、発熱して苦痛を感じる。「ふうびゃう」とも。★つきごろ風病重きに堪へかねて（数か月来、かぜが重いのにがまんできなくなって）［源氏］

【乱《みだ》り足《あし》・乱《みだ》り脚《あし》】[illegible]い足。「みだれあし」とも。

【乱《みだ》り風《かぜ》】風邪。感冒。★みだり風おこりてなむ、聞こえしやうにはえまゐらぬ（風邪をひきまして、申し上げたようには参上できません）［蜻蛉］

【物病《ものや》み】病気。★物病みになりてしぬべき時に（病気になって死にそうなときに）［伊勢］

【労気《らうけ》】疲労から起こる病気。★母の尼の労気にはかに起こりて（母の尼に疲労から病が急に起こって）［源氏］

【瘧《わらはみ》・瘧病《わらはやみ》】子どもに多い熱病の一つ。発熱・悪寒が間隔をおいて起こる。おこり。★わらはやみにわづらひ給ひて（わらわやみにおかかりになって）［源氏］

手紙と花

平安時代、和歌によるやり取りが盛んであった。特に恋文においては、男女が顔を合わせることがほとんどなかったため、上手な文を贈ることができるかどうかは恋が成就する第一歩ともなった。

歌の上手さ、筆跡、文字の墨の濃淡などは言うに及ばず、紙の色、薫きしめた香のかおり、文を付ける枝の種類など、贈り主の教養や才覚を推し量る手立てでもあった。とりわけ紙の色と文を付ける枝の取り合わせは多くの古典作品において描写されている。

ここにそのほんの一例を挙げると、唐の紫の薄様一かさねと紫苑の造花（宇津保物語）、紅の薄様一かさねと紅梅（蜻蛉日記）、青い薄様を柳の芽生えた枝に（枕草子）、たいそう濃い赤の薄様を唐撫子の花盛りの枝に（枕草子）など同系色の取り合わせや、濃い青鈍の紙と咲きはじめの菊（源氏物語）、紫の薄様と桜（源氏物語）、紅の薄様に柳（とはずがたり）など互いの色を引き立てあう取り合わせなど、趣向が凝らされる。

時・方位

12か月の異名

【祝《いは》ひ月《づき》】

正月・五月・九月のこと。▽これらの月は凶の月で不吉なので、逆の表現で表した呼び名。


【四月《うづき》・卯月《うづき》】

陰暦四月の別名。この月から夏とされる。▽卯の花の咲く月の意。季語=夏。


【閏月《うるふづき》】

陰暦で、十二か月以外に加わった月。


【神無月《かみなづき》】

陰暦十月の別名。冬の初めの月に当たる。「かむなづき」「かんなづき」とも。▽出雲地方では十月を「神あり月」と呼ぶ。季語=冬。


【二月《きさらぎ》・如月《きさらぎ》】

陰暦二月の別名。▽季語=春。


【極月《ごくげつ》】

陰暦十二月の別名。「ごくづき」とも。▽季語=冬。


【皐月《さつき》・五月《さつき》】

陰暦五月の別名。▽長雨の時期であり、五月闇の気味の悪い夜が続く時といわれた。季語=夏。


【師走《しはす》】

陰暦十二月の別名。▽一年の終わりの月。季語=冬。


【霜月《しもつき》】

陰暦十一月の別名。▽季語=冬。


【太衝《たいしょう》】

陰陽道で、陰暦九月のこと。★太衝の太の字、点うつ、うたずといふこと（太衝の太の字に、点をつける、つけないということで（議論があった））〔徒然草〕

【中夏《ちゅうか》・仲夏《ちゅうか》】

陰暦五月。また、夏のなかば。▽夏の三か月の中間の月の意。


【中秋《ちゅうしう》・仲秋《ちゅうしう》】

陰暦八月。▽七・八・九月の秋の三か月の中間の月の意。★虎魄葉は、ちゅうしう黄葉のごとし（琥珀色の葉は陰暦八月のもみじのようだ）〔栄花〕

【中春・仲春】
陰暦二月。▽春の三か月の中間の月の意。

【中冬《ちゅうとう》・仲冬《ちゅうとう》】
陰暦十一月。▽冬の三か月の中間の月の意。

【長月《ながつき》】
陰暦九月の別名。「ながづき」とも。▽この月で秋が終わるとされる。季語＝秋。

【八月《はづき》・葉月《はづき》】
陰暦八月の別名。「はつき」とも。▽季語＝秋。

【果《は》ての月《つき》】
陰暦十二月の別名。師走。★はての月の十六日ばかりなり、しばしありて俄にかい曇りて雨になりぬ（十二月十六日ごろのこと、しばらくして急に空が曇って雨になった）［蜻蛉］

【文月・七月】
陰暦七月の別名。「ふんづき」「ふづき」とも。▽この月からは秋。季語＝秋。

【孟夏《まうか》】
夏の初め。初夏。陰暦の（夏三か月の初めの月である）四月の別名。

【孟秋《まうしう》】
秋の初め。初秋。陰暦の（秋三か月の初めの月である）七月の別名。

【孟春《まうしゅん》】
春の初め。初春。陰暦の（春三か月の初めの月である）正月の別名。

【孟冬《まうとう》】
冬の初め。初冬。陰暦の（冬三か月の初めの月である）十月の別名。

【六月・水無月】
陰暦六月の別名。▽この月で夏が終わるとされる。

【睦月《むつき》・一月《むつき》】
陰暦一月の別名。正月。▽この月から春が始まるとされる。季語＝春。

【弥生《やよひ》・三月《やよひ》】
陰暦三月の別名。▽この月で春が終わるとされる。

【臘《らふ》】
陰暦十二月の別名。臘月。▽季語＝冬。

朝・夜明け

【暁方《あかつきがた》】

夜明け前の暗い時分。★世にあかつきがたの月より恨めしく思はるる物はなしと言へるなり(まったく夜明け前の暗い時分の月より恨めしく思われるものはないというのである)[大むね]

【暁月夜《あかつきづくよ》】

空に月が残っている明け方。▽反対語=夕月夜。★十七日、曇れる雲なくなりて暁月夜いとおもしろければ、船を出して漕ぎ行く(十七日、雲っていた雲がなくなり、明け方の月夜がとても美しいので、船を出して漕いで行く)[土佐]

【明《あ》け暮《く》れ】

夜明けと夕暮れ。朝と晩。朝夕。★明け暮れ見なれたるかぐや姫を(朝晩見慣れているかぐや姫を)[竹取]

【明《あ》け暗《ぐ》れ】

夜明け前のまだうす暗い時分。未明。★あけぐれのほどに帰るとて(夜明け前のまだうす暗い時分に帰ると言って)[枕草子]

【朝明《あさけ》】

朝早く、東の空の明るくなるころ。▽「あさあけ」の変化した語。「あさけ」は「あかとき(あかつき)」よりも朝に近い時刻をさす。★妹と吾と寝ての朝明の霜の降りはも(あなたと私と寝たその翌朝の霜の降り方はまあ)[古今]

【朝《あさ》さる】

朝になる。★あさされば妹が手にまく鏡なす(朝になると妻が手に(ひもを)巻いて持つ鏡のように)[萬葉]

【朝朗《あさぼら》け】

朝、ほのぼのと明るくなるころ。夜明け方。★明けぬれば暮るるものとは知りながらなほ恨めしきあさぼらけかな(夜が明けてしまうと、(やがて)日は暮れるもの、(そして、あなたにまた逢える)とわかってはいるものの、やはり恨めしいのは(お別れしなければならない)この夜明けだなあ)[後拾遺]

【朝《あさ》まだき】

朝早く。▽「まだき」は、まだその時になりきっていない、の意。★あさまだき嵐の山の寒ければ(朝早く嵐山のあたりは寒いので)[拾遺]

【朝《あした》】
①朝。朝方。明け方。★雪のおもしろう降りたりしあした(雪が趣深く降り積もっていた朝)[徒然草]
②翌朝。あくる朝。前夜に何か事があった次の日の朝。★野分のあしたこそをかしけれ(台風の(あった)翌朝(のありさま)は興味深い)[徒然草]

【有り明け】

まだ月が空に残っているうちに夜が明けること。そのころの夜明け。▽陰暦で十六日以後、特に二十日過ぎについていうことが多い。★志賀の浦や遠ざかりゆく波間より凍りて出づるありあけの月(琵琶湖の西岸、志賀の浦は、汀から沖へ湖面が凍ってゆく。それにつれて遠ざかってゆく波の間から、あたかも凍っているかのように寒々と光りながら出てくる有り明けの月よ)[新古今]

【東雲《しののめ》】

明け方。あけぼの。夜明けのほのかに明るくなるころ。▽「しののめ」は「篠の目」で、昔、住居の明かり取りに用いた篠竹の編み物の編み目をさし、そこから「夜明けの薄明かり」の意を生じ、さらに夜明け方の意に変化したという。★しののめの別れを惜しみ我ぞまづ鳥よりさきになきはじめつる。(明け方の後朝の別れが惜しいので、私のほうが先に鶏よりも前に泣きはじめたことであるよ)[古今]

【晨朝】

夜明け方。午前六時ごろ。「じんてう」「しんてう」とも。★漏箭頻りに遷って晨朝なれば(時刻は早くも進んで夜明け方になっていて)[太平記]

【又《また》の明日《あした》】

次の日の朝。翌朝。★またのあしたに大宮に参りたまふ(次の日の朝に御殿に参上なさる)[源氏]

【又《また》のつとめて】

次の日の早朝。翌朝早く。★雨は夜一夜降りあかして、またのつとめてぞすこし空晴れたる(雨は一晩じゅう明けがたまで降り続いて、翌朝早く(やっと)少し空が晴れた)[大和]

季節

【秋《あき》さる】

秋になる。★あきされば霧立ち渡る(秋になると霧が立ちわたる)[萬葉]

【秋《あき》闌《た》く】

秋まっさかりになる。秋たけなわになる。★あきたけて夜ふかき月の影見ればあれたる宿に衣うつなり(秋たけなわになって夜ふけの月の光を見ていると、荒れはてた家で衣服を砧で打っている(の)が聞こえる))[金槐]

【秋《あき》づく】

秋らしくなる。★こほろぎの鳴く声聞けばあきづきにけり(こおろぎの鳴く声を聞くと秋らしくなったことだ)[萬葉]

時・方位　季節

【小春《こはる》】陰暦十月ごろの、春を思わせるような暖かい気候。小春日和。また、陰暦十月の別名。▽「小春」の訓読。季語＝冬。★十月は小春の天気、草も青くなり梅もつぼみぬ(十月は小春日和で、草も青くなり梅もつぼみをつける)[徒然草]

【青陽《せいやう》】「春」の別名。多く初春にいう。★青陽の春も来たり、浦吹く風もやはらかに、日陰ものどかになり行けど(春が来て、浦に吹く風もおだやかに、日差しも心地よくなっていったけれども)[平家]

【麦秋《ばくしう》】麦が実り、刈り取る季節。初夏のころ。むぎあき。▽季語＝夏。★蟬の声ばくしうをおくれば夏と思ひ(蟬の声が麦刈りの季節を送れば夏だと思い)[平家]

【春片設《はるかたま》く】春を待ち受ける。春を迎える。★鶯鳴くもはるかたまけて(うぐいすが鳴いているなあ。春を迎えて)[萬葉]

【春立《はるた》つ】春になる。立春となる。▽「立春」の訓読語。季語＝春。★ひさかたの天の香具山この夕べ霞たなびくはるたつらしも(天の香具山に、この夕べ、霞がたなびいている。ああ、春になったらしいよ)[萬葉]

【春《はる》つ方《かた》】春のころ。春の時分。★春つ方さも物せむ(春頃、そのように出かけましょう)[蜻蛉]

【春《はる》の隣《となり》】すぐ春になる時節。立春の前の日などにいう。▽季語＝冬。★冬ながら春の隣のちかければ(冬であるけれど春が近いので)[古今]

【春《はる》の湊《みなと》】春の末。春の果て。▽春の行き着くところを、船の行き着く港にたとえていう。★暮れてゆく春のみなとは知らねども(暮れていく春がどこへ行き着くのかは知りませんが)[新古今]

【春方《はるべ》】春のころ。春。★今ははるべと咲くやこの花(今は春となり、自分の季節の到来と咲いている、この梅の花よ)[古今]

【冬《ふゆ》ざれ】冬のさなか。真冬。冬のもの寂しい光景を表す語として用いる。▽季語＝冬。

【冬立《ふゆた》つ】暦の上で冬になる。立冬になる。★今日ぞ

て（今日が冬になる日であることもまさにそのとおりで、時雨が降って）［源氏］

【麦秋《むぎあき》】

麦を取り入れる初夏のころ。陰暦五月。「麦の秋」とも。▽「麦秋」の訓読。季語＝夏。


【行《ゆ》く秋《あき》】

過ぎ去ろうとしている秋。晩秋。★ゆくあきの形見なるべき紅葉葉も明日は時雨と降りや紛はむ（過ぎ去ろうとしている秋の形見となるはずの紅葉も（冬になる）明日は、時雨と一緒に降り乱れて散ることであろうか）［新古今］

【行《ゆ》く春《はる》】

過ぎ去ろうとしている春。晩春。★ゆくはるや鳥啼き魚の目は涙（春がまさに暮れていこうとしている。惜春の情ゆえか、鳥の声も愁いに満ち、魚の目も涙にうるんでいるように思われる）［奥の細道］

時

【明《あ》け六《む》つ】

明け方の六つ時。今の午前六時ごろ。▽反対語＝暮れ六つ。★明け六つの鐘つくを合図に（明け六つの鐘をつくのを合図にして）［妹背山］

【五《いつ》つ】

時刻の名。今の午前八時ごろ、または午後八時ごろ。「いつつどき」とも。


【戌《いぬ》】

時刻の名。午後八時。また、それを中心とする二時間。


【卯《う》】

時刻の名。午前六時。また、それを中心とする二時間。


【丑】

時刻の名。午前二時。また、それを中心とする二時間。


【丑三《うしみ》つ】

時刻の名。丑の時を四分した第三刻。午前二時過ぎ。真夜中とされる。▽真夜中であるとの意識から「丑満つ」と書かれることも多い。★まづ行幸、丑三つばかりになる（まず行幸は丑三つごろに行われる）［とはずがたり］

【午《うま》】

時刻の名。正午。また、それを中心とした二時間。


【暮《く》れ六《む》つ】

暮れの六つ時。今の午後六時ごろ。酉の刻。▽反対語＝明け六つ。

【五更《ごかう》】今のおよそ午前四時。また、それを中心とする二時間。戊夜。

【九《ここの》つ】時刻の一つ。午前または午後十二時ごろ。九つ時。

【後夜《ごや》】「六時」の一つ。一夜を初夜・中夜・後夜に区分した最後のもの。夜半から早朝までをいう。▽およそ午前三時から五時までに当たる。

【申《さる》】時刻の名。午後四時。また、それを中心とした二時間。

【三更《さんかう》】時刻の名。一夜を五つに分けた「五更」の第三。午後十二時。また、それを中心とする二時間。丙夜。

【四更《しかう》】時刻の名。一夜を五つに分けた「五更」の第四。丑の刻にあたり、午前二時前後の二時間。丁夜。

【時正《じしやう》】昼と夜の長さが等しくなる日。陰暦二月の春分と八月の秋分。★花のさかりは、冬至より百五十日とも、時正の後、七日ともいへど（桜の花のさかりは、冬至から百五十日目とも、時正の後の七日目ともいうが）［徒然草］

【初更《しよかう》】時刻の名。一夜を五つに分けた「五更」の第一。午後八時。また、それを中心とする二時間。甲夜。

【初夜《しよや》】①一昼夜を六分した「六時」の一つ。夜を初・中・後に三分した最初の時間で、だいたい午後六時から午後九時までに当たる。▽反対語＝中夜・後夜。②戌の刻のこと。午後八時ごろ。また、午後七時ごろから午後九時ごろまで。

【辰《たつ》】時刻の名。午前八時。また、それを中心とする二時間。

【中夜《ちゆうや》】一夜を三分した真ん中の時間。今のおよそ午後九時から午前三時ごろまで。

【亭午《ていご》】正午。真昼。▽「亭」は至る、「午」は午の刻（＝昼の十二時ごろ）の意。★日すでに亭午

【寅《とら》】

時刻の名。午前四時。また、それを中心とする二時間。


【酉《とり》】

時刻の名。午後六時。また、それを中心とした二時間。


【七《なな》つ】

時刻の名。今の午前または午後四時ごろ。七つ時。


【二更《にかう》】

時刻の名。「五更」の第二。午後十時および、それを中心とする二時間。


【日中《にっちゅう》】

「六時」の一つで、今の午前十時ごろから午後二時ごろまでに当たる時刻。▽その間に行う勤行をいうこともある。


【子《ね》】

時刻の名。午前零時。また、それを中心とする二時間。


【子一《ねひと》つ】

子の刻を四つに分けた第一の刻。今の午後十一時から十一時半ごろまで。


【未《ひつじ》】

時刻の名。午後二時。また、それを中心とする二時間。


【巳《み》】

時刻の名。午前十時。また、それを中心とする二時間。「巳の刻」「巳の時」とも。


【八つ】

時刻の名。およそ、現在の午前二時ごろと午後二時ごろに当たる。八つ時。


【亥《ゐ》】

時刻の名。今の午後十時、および、その前後二時間。一説に、午後十時から後の二時間。

【大晦日《おほつごもり》】

一年の最終の日。おおみそか。▽季語＝冬。★既にその年の大晦日に、あらましに正月の用意をして（すでにその年の大晦日に、だいたい正月の用意をして）［胸算用］

【元日《ぐわんにち》】

正月一日。がんじつ。★元日、なほ同じ泊なり（元日、やはり同じ港にいる）［土佐］

【上元《じゃうげん》】

節日の一つ。陰暦の一月十五日。▽この日に小豆粥を食べると邪気をさけられるとされた。


【上巳《じゃうし》】

「五節句」の一つ。陰暦三月始めの巳の日。のち、陰暦三月三日。▽この日、朝廷や貴族の間では、水辺での禊ぎ祓え（＝「上巳の祓へ」や「曲水の宴」）が行われた。また、後世、女子の祝いとして、雛人形を飾る「雛祭り」を行うようになる。桃の節句。雛の節句。季語＝春。


【新月《しんげつ》】

陰暦で、月の第一日。ついたち。


【人日《じんじつ》】

「五節句」の一つ。陰暦正月七日のこと。▽七種粥で祝う。季語＝春。


【節日《せちにち》】

季節の変わり目などの祝いを行う日。「せつじつ」とも。


【竹《たけ》植《う》うる日《ひ》】

陰暦五月十三日。▽中国の伝説で、この日に竹を植えるとよく茂るといわれた。★降らずともたけううるひは蓑と笠（雨は降らなくても五月十三日は梅雨のころらしく蓑と笠をつけていよう）［笈日記］

【中元《ちゅうげん》】

陰暦七月十五日。仏に供物をし、死者の冥福を祈る。▽道教で、正月十五日を「上元」、七月十五日を「中元」、十月十五日を「下元」として祝ったが、その中元に仏教の盂蘭盆会が結びついて死者の霊を祭る行事となった。


【中秋《ちゅうしう》・仲秋《ちゅうしう》】

陰暦八月十五日。▽秋の九十日間の中間の日の意。


【土用《どよう》】

陰陽で立春・立夏・立秋・立冬の前の各十八日間。▽季語=夏。★土用のころなりければ、かの棺を柞の森の木に置けりける（ちょうど土用のころであったので、その棺は柞の森の木のところに置いておいた）〔十訓抄〕

【二十日正月《はつかしゃうがつ》】

陰暦正月二十日のこと。▽季語=春。


【臘八《らふはつ》】

臘月（陰暦十二月）八日のこと。釈尊が悟りを開いた日とされる。「らふはち」とも。★臘八、建長寺永明軒にて、和漢一折あり（十二月八日、建長寺の永明軒で和漢連句一折の会がある）〔東路のつと〕

昼

【朝《あさ》に日《け》に】

朝に昼に。いつも。「あさなけに」とも。★青山の嶺の白雲あさにけに常に見れども（青山の峰にかかっている白雲のように朝に昼にいつも見ているけれども）〔萬葉〕

【日中《にっちゅう》】

昼間。★外は暗けれども、うちは日中のやうに拵へて（外は暗かったが、家の中は昼間のように工夫して）〔義経記〕

【日《ひ》】

昼間。昼。日中。★夜には九夜、ひには十日を（夜では九夜、昼では十日になりますなあ）〔古事記〕

【日暮《ひぐ》らし】

朝から晩まで。一日じゅう。「ひくらし」とも。★徒然なるままに日くらし硯にむかひて（することもなく手持ちぶさたなのにまかせて、一日じゅう硯に向かって）〔徒然草〕

【日《ひ》すがら・終日《ひすがら》】

朝から晩まで。一日中。▽反対語=夜すがら。


【日《ひ》一日《ひとひ》】

朝から晩まで。一日じゅう。▽反対語=夜一夜。★双六をひひとひ打ちて（すごろく（遊び）を一日じゅうやって）〔枕草子〕

【昼《ひる》つ方《かた》】

昼のころ。昼ごろ。★ある日のひるつかた（ある日の昼ごろ）〔蜻蛉〕

方角

【戌《いぬ》】

方角の名。西北西。


【戌亥《いぬゐ》・乾《いぬゐ》】

十二支で表す方角の一つ。北西。▽「戌」と「亥」との間の意。★戌亥の町は、明石の御方と思しおきてさせたまへり（西北は明石の御方とお定めおきになった）［源氏］

【卯《う》】

方角の名。東。


【丑《うし》】

方角の名。北北東。


【丑寅《うしとら》・艮《うしとら》】

方角の名。北東。陰陽道で、鬼が訪れる方角しされることから、鬼門といわれる。「丑」と「寅」との間の意。★清涼殿の丑寅の隅の、北のへだてなる御障子は（清涼殿の東北の隅の、北のへだてである御障子には）［枕草子］

【午《うま》】

方角の名。南。


【鬼門《きもん》】

陰陽道で、たたりをする鬼が出入りするとして忌む、艮（＝北東）の方角。★この日域の叡岳も、帝都の鬼門に峙って（この日本の比叡山も、帝都の東北の鬼門にそびえて）［平家］

【京様《きゃうざま》・京方《きゃうざま》】

みやこの方角。京都の方角。★この暁にいみじく大きなる人だまのたちて、京ざまへなむ来ぬる（この明け方に、たいそう大きな人魂があらわれ、京の方へ飛んでいきました）［更級］

【申《さる》】

方角の名。西南西。


【四維《しゆい》】

乾（＝西北）・坤（＝西南）・艮（＝東北）・巽（＝東南）の四つの方角。「しゐ」とも。★いよいよ東西南北、四維、八方に充ち満ちて（東西南北・四方八方にいっそう（かがり火は）満ち満ちて）［太平記］

【辰《たつ》】

方角の名。東南東。


【辰巳《たつみ》・巽《たつみ》】

方角の名。東南。「辰」と「巳」との間の方角。★辰巳は、殿のおはすべき町なり（東南は、大臣のお住まいになるべき町である）［源氏］

【寅】方角の名。東北東。

【酉《とり》】方角の名。西。

【子《ね》】方角の名。北。

【八方《はっぽう》】東西南北と、その中間の南東・南西・北東・北西の八つの方角。四方八方。あらゆる方角。★天子の守り八方にあり（天皇は八方をまもっている）［保元］

【未《ひつじ》】方角の名。南南西。

【未申・坤】方角の名。「未」と「申」との間。南西。★未申の町は、中宮の御旧宮なれば、やがておはしますべし（西南の町は、もともと梅壺の中宮のお邸なのでそのままお住まいになるはずである）［源氏］

【巳《み》】方角の名。南南東。

【亥《ゐ》】方角の名。北北西。

【恵方《えはう》】年ごとに吉と定められる方角。その年の干支の歳徳神のいる方角。▽「恵方」は近世以降一般化した表記で、それまでは「吉方」「兄方」が多い。季語＝春。★恵方が東やら、南に梅が咲くやら（恵方が東やら、南に梅が咲くのやら）［永代蔵］

夜・夕方

【秋《あき》の百《もも》夜《よ》】秋の長夜を百夜連ねたほどのとても長い夜。★秋の百夜を願ひつるかも（秋の長夜が百夜続くよう神様にお願いしました）［萬葉］

【入相《いりあひ》】夕暮れ時。日没時。★正月二十一日、入相ばかりのことなるに、薄氷は張ったりけり（一月二十一日、夕暮れ時のころであったうえ、薄氷が張っていた）［平家］

【十五夜《じふごや》】①陰暦で、毎月の十五日の夜。②陰暦八月十五日の満月の夜。この夜は、昔から特に月見によいとされ、その月を「中秋の名月」といった。▽平安時代、宮中や貴

族社会では観月の宴を催して、詩歌を作り、管弦を楽しんだ。季語＝秋。★今宵は十五夜なりとおぼしいでて（今夜は八月十五夜であったと思い出しなさって）［源氏］

【十三夜《じふさんや》】

①陰暦で、毎月の十三日の夜。②陰暦九月十三日の夜。▽八月十五日の夜に次いで月の美しい夜とされ、やはり月見の宴が催された。季語＝秋。

【霜夜《しもよ》】

霜の降りる寒い夜。★きりぎりす鳴くや霜夜のさむしろに（こおろぎが鳴く、この霜の降りる夜の寒さのなか、小さな筵の上に）［新古今］

【夕陽《せきやう》】

夕方。夕暮れ時。★夕陽に及んで軍散じければ（夕方に及んでいくさが終わったので）［太平記］

【星月夜《ほしづくよ》】

月が出ていない星明かりの夜。星が明るい夜。▽季語＝秋。★星月夜のきらめきたるに、兜の星もきらきらとして（星月夜の光が輝くのに、兜の星もきらきらとして）［義経記］

【又《また》の夜《よ》】

次の日の夜。翌晩。★この法事したまひてまたのよ（この法事（＝夕顔の四十九日の法要）をなさって次の日の夜）［源氏］

【短夜《みじかよ》】

（夏の）短い夜。▽季語＝夏。★五月の短夜なれども、あかしかねさせ給ひつつ（五月の短い夜だが、その短い夜を明かしかねていらっしゃり）［平家］

【闇《やみ》の夜《よ》】

闇夜。月の出ていない夜。★闇の夜にいでても、穴をくじり、垣間見（闇夜にさえ出かけてきて、垣根に穴をあけ、のぞき見をし）［竹取］

【夕月夜《ゆふづくよ》】

月の出ている夕方。▽反対語＝暁月夜。★のどやかなる夕月夜に、海の上曇りなく見えわたれるも（のんびりとした夕月夜に、海の上には雲もなくはるかに見渡されるのが）［源氏］

【夕《ゆふ》べ】

①夕暮れどき。夕方。★見渡せば山もと霞む水無瀬川ゆふべは秋となに思ひけむ（見渡すと、山のふもとはかすみ、その辺りを水無瀬川が流れている。夕方の情趣は秋に限ると、なぜ思っていたのだろう。こんなにすばらしい春の夕べがあるのも知らないで）［新古今］②昨夜。昨夕。★夕べ事の由をも申さで、罷り出で候ひしが、早や落ちたりとぞ思し召し候ひつらん（昨夜、理由も申さず罷り出ましたが、すでに落ちただろうと思っておられたことでございましょう）［太平記］

【夕まぐれ】夕方の薄暗いこと。また、その時分。▽「まぐれ」は、「目暗」の意。★ゆふまぐれ荻吹く風の音聞けば（夕方の薄暗い時分に荻に吹いてくる風の音を聞くと）［千載］

【夕闇《ゆふやみ》】月が出ていない夕方の闇。また、その時分。特に、陰暦二十日前後の夕方の闇。★夕闇は道たづたづし（夕闇は道が心もとない）［萬葉］

【夜《よ》籠《ごも》り】夜更け。深夜。▽「夜隠り」とも書く。★倉橋の山を高みか夜隠りに出で来る月の光乏しき（倉橋の山が高いせいか、夜更けに出てくる月の光の乏しいことよ）［萬葉］

【夜《よ》来《ごろ》・夜《よ》頃《ごろ》】数夜このかた。このごろ毎晩。★よごろ上らせ給ひて（数夜このかた参内なさって）［栄花］

【夜《よ》さり】夜となるころ。夜。今夜の意でも用いる。「ようさり」「よさら」「よさ」とも。★さらによさりこの寮にまうで来（もう一度、今夜この寮に参りなさい）［竹取］

【夜《よ》すがら】夜じゅう。夜通し。▽反対語＝日すがら。★長きよすがら御寝もならず（長い夜じゅうおやすみにもなれず）［平家］

【夜《よ》長《なが》】夜が長いこと。また、その時節。多く、秋の夜にいう。▽季語＝秋。★この頃は、夜長にしめやかにて夜聞かむ（このごろは夜が長くて静かだから夜に聞こう）［宇津保］

【夜の悉】夜通し。一晩じゅう。★夜はもよのことごと、昼はも日のことごと（夜は夜通し、昼は一日中）［萬葉］

【夜《よ》半《は》】夜。夜中。★めぐり逢ひて見しやそれとも分かぬ間に雲隠れにしよはの月影（めぐり逢って、見たのはそれかどうかもはっきりわからないうちに雲に隠れてしまった夜中の月のように、（逢ったのかどうかもはっきりしないうちに）あわただしく帰ってしまわれたあなたよ）［新古今］

【宵《よひ》】晩。また、夜に入って間もないころ。▽夜の時間区分で、「ゆふべ」の次の段階。日没から夜半ごろまでをさす。★夏の夜はまだよひながら明けぬるを雲のいづこに月宿るらむ（短い夏の夜は、まだ宵のつもりでいるうちに明けてしまったが、いったい、月は雲のどこに宿っているのだろうか）［古今］

【夜一夜《よひとよ》】

夜通し。一晩じゅう。▽反対語＝日一日。★九月ばかり、よひとよ降り明かしつる雨の、今朝はやみて（九月のころ、夜通し降っていた雨が、今朝はやんで）［枕草子］

【宵闇《よひやみ》】

月がまだ出ない宵の間の暗闇。また、その時分。特に、陰暦十六日から二十日ごろまでの宵の暗闇。▽季語＝秋。★看々日は入り果てて、宵闇の夜のいとくらきに（みるみるうちに日は沈み果てて、宵闇のひどく暗い夜になったが）［雨月］

【夜深《よぶか》し】

まだ暗い早朝だ。深夜だ。★よぶかくうち出でたる声の、らうらうじう愛敬づきたる（まだ暗い早朝に（ほととぎすの）鳴き出した声の、気品があって美しく魅力があるのは）［枕草子］

【良夜《りやうや》】

月の明るく美しい夜。また、特に、中秋の名月の夜。▽季語＝秋。★この宿、せいめいなるゆゑに、月を翫ぶに良夜とす（この星座（に当たる日）は、清らかで曇りがないので、月を見て楽しむのによい夜だとしている）［徒然草］

挿頭《かざし》と植物

奈良時代以前、植物の生命力をその枝や花から得ようと、折り取った草木の枝や花を髪に挿す風習が男女ともに行われていた。

この風習と、中国から伝来した冠に飾りを挿す制度とが混同して、儀式や行事のときに儀礼の一つとして冠に花を挿すようになった。これを「挿頭」という。儀式や、挿す人の官位によって、挿す花や挿し方は異なっていたが、藤・桜・山吹・菊・竜胆などの花が用いられた。後には、花は装飾的な意味合いしかもたなくなり、金属製の造花なども用いられるようになった。

古典作品においても挿頭の花の描写はたびたび見られ、「古今和歌集」仮名序では梅、「宇津保物語」では桂、松に鶴、盛りの菊、「枕草子」では桃、山吹、「栄花物語」では金銀の菊の造花、「大和物語」では女郎花、「源氏物語」では紅葉、葵など、多彩である。

付録

字音仮名遣い対照表……100
現代語と意味の異なる言葉一覧……106
主な歌枕一覧……110
主な年中行事……113
用例出典略称一覧……116
難読語一覧……118
五十音索引……129

字音仮名遣い対照表

＊本表は、漢字音を仮名で表記する時の、現代仮名遣いと歴史的仮名遣いの違いを対照したものである。
＊上段は現代仮名遣い、中段は歴史的仮名遣い、下段は代表的な漢字例である。

現代仮名	歴史仮名	代表的な漢字例
アイ	あい	哀挨愛
	あゐ	藍
イ	い	以伊衣異移意
	ゐ	位囲威為偉慰
イン	いん	音引印陰飲
	ゐん	員韻院
エ	え	衣依
	ゑ	会絵廻恵穢
エイ	えい	永栄詠影鋭
	ゑい	衛
エツ	えつ	悦謁閲
	ゑつ	越
エン	えん	延炎煙縁艶
	ゑん	円苑怨媛遠
オ	お	於
	を	汚悪乎
オウ	あう	央桜奥賜
	あふ	凹圧押
	おう	応欧

	わう	王往皇凰黄
オク	おく	奥億憶臆
	をく	屋
	おつ	乙
	をつ	越
オン	おん	音恩陰隠厭
	をん	苑怨温遠穏
カ	か	下可加仮河夏家
	くゎ	化花火果和料過
ガ	が	牙我賀雅餓
	ぐゎ	瓦画臥
カイ	かい	介改戒海開
	くゎい	会灰回快懐

ガイ	がい	咳害涯街鎧
	ぐゎい	外
カク	かく	各角客覚鶴
	くゎく	画拡郭獲穫
カツ	かつ	渇喝割
	くゎつ	括活滑
ガツ	ぐゎつ	月
カン	かん	干甘陥乾寒感漢
	くゎん	官完冠慣観関環
ガン	がん	岩岸眼雁顔
	ぐゎん	丸元玩頑願
キュウ	きう	九久旧休救
	きふ	及泣急給

	きゅう	弓宮
ギュウ	ぎふ	牛
キョウ	きゃう	狂京卿強境
	きょう	共供恭恐興
	けう	叫校孝教橋
	けふ	夾狭協脇
ギョウ	ぎゃう	行形仰
	ぎょう	凝
	げう	暁堯楽
	げふ	業
コウ	かう	巧交好行幸高
	かふ	合甲
	くゎう	広光皇荒黄

	こう	工攻口公後紅
	こふ	劫
ゴウ	がう	号剛強郷豪
	がふ	合
	ぐゎう	轟
	ごう	后恒逅
	ごふ	劫桑
ジ	じ	示次寺字自時慈
	ぢ	地治持
ジキ	じき	食
	ぢき	直
ジツ	じつ	日実
	ぢつ	昵

シュウ	しう	州舟秀秋修愁
	しふ	執集襲
	しゅう	宗終衆
ジュウ	じう	柔獣
	じふ	入十汁拾渋
	じゅう	充従縦
	ぢゅう	住重
ショウ	しゃう	上正生性声相装
	しょう	松昇承称勝鐘
	せう	小少昭消笑焼焦
ジョウ	じゃう	上成城浄常情
	じょう	冗丞乗尉縄
	ぢゃう	丈杖定貞場

	でう	条
	でふ	帖畳
ジン	じん	人仁尽甚尋腎
	ぢん	沈陣塵
ズ	ず	主受珠数誦
	づ	図豆厨頭
ソウ	さう	争早草装桑騒
	さふ	挿
	そう	走宋宗送僧
ゾウ	ざう	造象像蔵臓
	ざふ	雑
	ぞう	増憎贈
チュウ	ちう	丑宙昼鋳

	ちゅう	中虫忠注衷
チョウ	ちゃう	打頂町長帳停聴
	ちょう	重徴澄寵
	てう	鳥朝銚超
	てふ	帖諜蝶
トウ	たう	刀当島桃討盗
	たふ	答塔踏
	とう	冬投豆登頭東
ドウ	だう	堂道導
	どう	同動童働銅
ニュウ	にう	柔
	にふ	入
	にゅう	乳

ニョウ	ねう	尿繞
ノウ	なう	悩脳嚢
	なふ	納
	のう	能農濃
ヒョウ	ひゃう	平兵拍評
	ひょう	氷憑
	へう	表漂
ビョウ	びゃう	平病屏
	べう	苗秒描猫廟
ホウ	はう	包芳放訪邦
	はふ	法(仏教以外で)
	ほう	朋奉封峰崩豊
	ほふ	法(仏教で)

ボウ	ばう	亡望卯坊房膨
	ぼう	某剖眸貿謀
	ぼふ	乏
ミョウ	みゃう	名命明
	めう	妙
モウ	まう	亡妄望孟猛
	もう	耗蒙
ユウ	いう	友右有幽遊優
	いふ	邑
	ゆう	勇裕雄融
ヨウ	えう	夭幼要揺耀
	えふ	葉
	やう	羊洋陽様養

	よう	用庸容擁鷹
リュウ	りう	柳竜流硫留
	りふ	立笠粒
	りゅう	竜隆
リョウ	りゃう	令領両良涼霊
	りょう	竜陵稜綾
	れう	了料漁寮療
	れふ	猟
ロウ	ろう	老牢労郎朗浪
	らふ	臈臘
	ろう	弄楼漏籠

現代語と意味の異なる言葉一覧

語	古典の意味	現代の意味	共通の意味
あからさまなり	突然だ ほんの少しだ		露骨だ
あした	朝・翌朝	明日	
あたらし	もったいない 惜しい	新鮮だ	
あながちなり	強引だ・一途だ 甚だしい	必ずしも	
あやし	不思議だ 不都合だ	疑わしい 異様だ	

ありがたし	めったにない 難しい	もったいない 嬉しく思う	
いたし	はなはだしい 素晴らしい		痛い
いたづらなり	むなしい		無駄に
いとほし	気の毒だ 嫌だ		かわいい
うつくし	かわいい 立派だ		美しい
おどろく	目を覚ます 気がつく		びっくりする
かげ（影）	光・姿・形・面影		光による影
かしこし	おそれ多い 素晴らしい		賢い

かたち	容姿・姿		物の形
かなし	かわいい いとしい		悲しい
さうざうし	物足りない 心寂しい	騒々しい	
さながら	そのまま 全部・全然		まるで あたかも
すさまじ	興醒めだ 不調和だ		ものすごい
せめて	しいて 切実に		少なくとも …だけでも
つとめて	早朝・翌朝	努力して	
とぶらふ	訪問する 見舞う		故人を供養する

なかなか	中途半端に かえって	ずいぶん	
にほふ	美しく色づく		においがする
ののしる	大声で騒ぐ うわさする	口汚く非難する	
はしたなし	中途半端だ 体裁が悪い	品がない	
ふるさと	旧都・馴染みの土地や 住まい		生まれ故郷
むつかし	気味が悪い 面倒だ	困難だ わかりにくい	
めざまし	気に食わない		素晴らしい
やさし	恥ずかしい 優美だ	親切で情が深い 簡単だ	

主な歌枕一覧

▽上段は主な歌枕、……以降はおおまかな現在地である。

明石《あかし》の浦《うら》……兵庫県明石市の海岸
明石《あかし》の門《と》……兵庫県明石市の明石海峡
飛鳥川《あすかがは》………奈良県高市郡明日香村を南から北に流れて大和川に注ぐ川
淡路島《あはぢしま》………兵庫県南部の瀬戸内海最大の島
逢坂《あふさか》の関《せき》……京都府と滋賀県との境にあった関所
近江《あふみ》の海《うみ》……琵琶湖

天《あま》の香具山《かぐやま》…奈良県桜井市にある山
生野《いくの》…………京都府福知山市生野
泉川《いづみがは》………京都府相楽郡付近を流れる木津川の古名
因幡《いなば》の山《やま》……鳥取県東部にある山
妹背山《いもせやま》………和歌山県北部にある山
宇治川《うぢがは》………京都府宇治市付近の宇治川
春日山《かすがやま》………奈良市東部にある山

唐崎……滋賀県大津市付近の琵琶湖畔
佐保川《さほがは》……奈良市の春日山に源を発し、佐保の南側を流れ、初瀬川と合流して大和川に注ぐ川
志賀《しか》の浦《うら》……福岡県志賀島付近の海岸
白河《しらかは》の関《せき》……福島県白河市にあった関所
須賀《すが》の荒野《あらの》……長野県にあった荒野
須磨《すま》の浦《うら》……神戸市須磨区の海岸
末《すゑ》の松山《まつやま》……宮城県宮城市の海岸近くの丘
高砂《たかさご》……兵庫県高砂市の加古川の河口付近
田子《たご》の浦《うら》……静岡県富士市の富士川河口
竜田川《たつたがは》……奈良県生駒郡斑鳩付近を流れる川
勿来《なこそ》の関《せき》……福島県いわき市にあった関所
難波江《なにはえ》……大阪府の旧淀川河口
熟田津《にきたつ》……愛媛県松山市道後温泉

付近
鳰《にほ》の海《うみ》……琵琶湖
初瀬川《はつせがは》・泊瀬川《はつせがは》……今の奈良県桜井
市初瀬を流れる川
宮城野《みやぎの》……宮城県仙台市郊外の原
野
最上川《もがみがは》……山形県南部の山地に発
して北上し、酒田で日本海に注ぐ川
由《ゆ》良《ら》の門《と》……紀伊半島と淡路島の海峡
吉野山《よしのやま》……奈良県吉野郡にある山
淀《よど》……今の京都市伏見区淀町・
長岡京市あたり
和《わ》歌《か》の浦《うら》……和歌山県和歌山市南部
の入り江一帯
井手《ゐで》……京都府綴喜郡井手町
小倉山《をぐらやま》……京都市右京区にある山
姥捨山《をばすてやま》……長野県千曲市にある山

主な年中行事

▽主に宮中での公事・儀式を一覧した。

睦月（1月）

1日……四方拝《しほうはい》
2日ごろ……朝覲行幸《ちょうかんぎょうこう》
7日……白馬《あおうま》の節会
8〜14日……御斎会《ごさいえ》
14日……踏歌の節会
（男踏歌）
16日……踏歌の節会
（女踏歌）
17日……射礼《じゃらい》
18日……賭弓《のりゆみ》

如月（2月）

4日……祈年祭《としごいのまつり》

弥生（3月）

上巳の日……曲水の宴

卯月（4月）

1日……………更衣《ころもがえ》

8日……………灌仏会《かんぶつえ》

中の酉の日…賀茂の祭り（葵祭り）

皐月（5月）

5日……………端午の節句

水無月（6月）

晦日……………大祓え

（水無月祓え・夏越しの祓え）

文月（7月）

7日……………七夕（乞巧奠《きこうでん》）

15日……………盂蘭盆会

下旬……………相撲《すまい》の節

葉月（8月）

15日……………中秋観月

（十五夜・芋明月）

長月（9月）

9日……………重陽の節句（菊の節句）

神無月（10月）

1日………更衣《ころもがえ》

霜月（11月）

中の卯の日…新嘗祭《にいなめまつり》

師走（12月）

19～21日……御仏名《おぶつみょう》

31日…………大祓え（年越しの祓え）

追儺《ついな》（鬼遣らひ）

用例出典略称一覧

▽本文中に挙げた用例の出典を、五十音順で掲出した。

[東路のつと] 東路のつと
[十六夜] 十六夜日記
[伊勢] 伊勢物語
[妹背山] 妹背山婦女庭訓
[浮世物語] 浮世物語
[雨月] 雨月物語
[宇治拾遺] 宇治拾遺物語
[大むね] 歌の大武根
[宇津保] 宇津保物語
[栄花] 栄花物語
[永代蔵] 日本永代蔵
[笈日記] 笈日記
[大鏡] 大鏡
[奥の細道] 奥の細道
[落窪] 落窪物語
[御曹司島渡] 御曹司島渡
[女殺油地獄] 女殺油地獄
[神楽歌] 神楽歌
[蜻蛉] 蜻蛉日記
[賀茂] 謡曲・賀茂
[賀茂翁家集] 賀茂翁家集
[義経記] 義経記
[金槐] 金槐和歌集
[金葉集] 金葉和歌集
[源氏] 源氏物語
[建礼門院] 建礼門院右京大夫集
[古今] 古今和歌集
[古今著聞] 古今著聞集
[古事記] 古事記
[後拾遺] 後拾遺和歌集
[後撰] 後撰和歌集
[今昔] 今昔物語集
[西行法師集] 西行法師集
[狭衣] 狭衣物語
[讃岐典侍] 讃岐典侍日記
[更級] 更級日記

［猿蓑］ 猿蓑
［山家集］ 山家集
［詞花］ 詞花和歌集
［十訓抄］ 十訓抄
［沙石集］ 沙石集
［拾遺］ 拾遺和歌集
［諸艶大鑑］ 諸艶大鑑
［新古今］ 新古今和歌集
［胸算用］ 世間胸算用
［千載］ 千載和歌集
［曽我］ 曽我物語
［太平記］ 太平記
［竹取］ 竹取物語

［菟玖波集］ 菟玖波集
［堤中納言］ 堤中納言物語
［徒然草］ 徒然草
［土佐］ 土佐日記
［とはずがたり］ とはずがたり
［八犬伝］ 南総里見八犬伝
［日本書紀］ 日本書紀
［野ざらし］ 野ざらし紀行
［平家］ 平家物語
［方丈記］ 方丈記
［保元］ 保元物語
［枕草子］ 枕草子
［萬葉］ 萬葉集

［紫式部］ 紫式部日記
［大和］ 大和物語

難読語一覧

◆本表は、本文中に出現する難読と思われる語について、掲載頁毎にまとめて出現順に羅列し、振り仮名を付して示したものである。
◆＊付は現代仮名遣いの振り仮名を付したものである。
◆同頁内に複数回出現する語については、一度の掲載に留める。但し異なる頁に繰り返し出現する場合は、読者の利用の便を図り、重複して掲載する。

1

隈《くま》なく
四方《よも》
木立《こだち》
＊木《こ》の暮《く》れ茂《しげ》
＊木《こ》の暮《く》れ闇《やみ》
夜半《よは》
花橘《はなたちばな》

2

五月雨《さみだれ》
曙《あけぼの》
空車《むなぐるま》
軒端《のきば》
＊真屋《まや》
＊雨脚《あまあし》
＊雹《ひょう》
＊霰《あられ》
忽然《たちまち》に
夜《よ》ひと夜《よ》

3

木幡《こはた》
最上川《もがみがは》
涙川《なみだがは》

4

槙《まき》
＊驟雨《しゅうう》
板屋《いたや》
野辺《のべ》
山霍公鳥《やまほととぎす》
俄《にはか》に

遠山《とほやま》
艶《えん》に
鳥海《てうかい》の山《やま》
綱手《つなで》

6
我妹子《わぎもこ》
家言《いへごと》
＊荻《おぎ》の上風《うはかぜ》
時雨《しぐれ》
夜半《よは》

＊順風
誘引《さそ》ひ
＊大宰府《だざいふ》

7
逢坂《あふさか》

8
天霧《あまぎ》らひ
瀛風《おきつかぜ》
奔波《はやなみ》
初瀬《はつせ》
宵《よひ》

厳つ霊

9
山井《やまゐ》

10
衣手《ころもで》
病雁《やむかり》

11
背子《せこ》
大和《やまと》
＊女郎花《おみなえし》

12
天雲《あまくも》
雁《かり》が音《ね》
黒髪山《くろかみやま》
＊八十八夜《はちじゅうはちや》

13
＊日方《ひかた》
時雨《しぐれ》
気色《けしき》
鳴《な》る神《かみ》
蜑《あま》の苫屋《とまや》

14
大石田《おほいしだ》

15
春日野《かすがの》

17
＊岩緑青《いわろくしょう》
＊暗礁《あんしょう》
馬酔木《あしび》
葛《くず》
土器《かはらけ》
＊岩頭《がんとう》

18
南淵山《みなぶちやま》
巌《いはほ》
優婆岳《うばだけ》
嵩《たけ》
難波江《なにはえ》
草摺《くさずり》

19
丹生《にふ》
千重波《ちへなみ》
真砂子《まさご》

塞《ふさ》ぎて
泥《なづ》む

20
高瀬舟《たかせぶね》
五百重波《いほへなみ》
幣《ぬさ》
鳥羽《とば》
巨勢道《こせぢ》

21
佐保《さほ》
菜摘《なつみ》

22
山城《やましろ》
井手《いで》
泊瀬川《はつせがは》
叔羅川《しくらがは》
小網《さで》
飛鳥川《あすかがは》
夏越《なご》しの祓《はら》へ
＊幣《ぬさ》
御手洗《みたらし》
楢《なら》の小川《おがは》

[illegible]き

近江《あふみ》

23

野中《のなか》

雁《かり》が音《ね》

24

漂白《へうはく》

出雲《いづも》

八重垣《やへがき》

＊八重棚雲《やえたなぐも》

25

幽王《いうわり》

26

長雨《ながゆ》

28

庵《いほり》

山《やま》の端《は》

29

三五夜《さんごや》

八重葎《やへむぐら》

＊残月《ざんげつ》

＊栗名月

＊豆名月《まめめいげつ》

木曽《きそ》

30

側目《そばめ》

明石《あかし》の門《と》

玉藻《たまも》

沖《おき》つ藻《も》

31

漫々《まんまん》と

漲《みなぎ》って

直渡り

32

信濃《しなの》

須賀《すが》

鷲《わし》

33

隔《へな》り

那須《なす》

＊杣山《そまやま》

34

縒《よ》られ

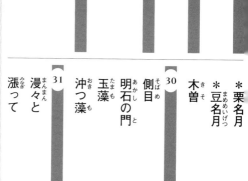

＊雄略天皇《ゆうりゃくてんのう》
外山《とやま》
筑波山《つくばやま》
繁山《しげやま》
横野《よこの》
霰《あられ》
妹《いも》
屋戸《やど》
大和《やまと》

35

妻《すみか》

大名児《おほなこ》
難波人《なにはびと》
海人《あま》

36

＊神楽《かぐら》

37

海女《あま》
＊織女《しょくじょ》
＊牽牛《けんぎゅう》

38

明日香《あすか》

志賀の浦《しかのうら》
苫屋《とまや》

39

顕証《けしょう》
明石《あかし》

41

帛《きぬ》
綾《あや》
蘇芳《すはう》
紅《くれなゐ》
＊牽牛子《けんごし》

難波江《なにはえ》

42

文目《あやめ》
草鞋《わらぢ》
五葉《ごえふ》
零余子《ぬかご》

43

母子草《ははこぐさ》
八十娘子《やそをとめ》
真竹《まだけ》
女竹《めだけ》

蔦

44

鶏頭《けいとう》
茨《いばら》
石竹《せきちく》
薄様《うすやう》
女郎花《おみなへし》
＊重陽《ちょうよう》
＊葛布《くずぬの》
荒磯《ありそ》

45

籬《まがき》
水葱《なぎ》
伊香保《いかほ》
宮城野《みやぎの》
花橘《はなたちばな》
撫子《なでしこ》
逢坂山《あふさかやま》
青鈍《あをにび》

46

優婆塞《うばそく》

＊鬼の醜草
吾木香《われもかう》
刈萱《かるかや》
帛《きぬ》

47

谷辺《たにへ》
椎《つち》

48

薄色《うすいろ》
襖《あを》
椋《むく》

真竹
女竹《めだけ》
象潟《きさかた》
西施《せいし》

49

園原《そのはら》
百重《ももへ》
浮沼《うきぬ》
鯔《なよし》

50

容《かたち》

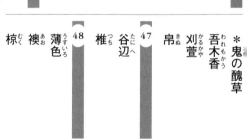

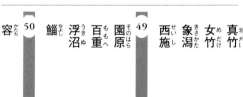

＊序詞《じょことば》
住吉《すみよし》
遠里《とほさと》
南淵《みなぶち》

51
我妹子《わぎもこ》
鞆《とも》の浦《うら》
避《やら》ふ

52
御井《みゐ》
翅《つばさ》

53
摺《す》り衣《ごろも》
香具山《かぐやま》
早蕨《さわらび》
葦辺《あしべ》
高円《たかまど》

55
簾《すだれ》
＊稲荷明神《いなりみょうじん》

56
鴾《つき》

表着《うはぎ》
皮衣《かはぎぬ》

57
海人《あま》
鮠《はえ》
小鮒《こぶな》

58
海人舟《あまぶね》

59
＊螺鈿《らでん》
八尋《やひろ》

海賦《かいふ》
蓬莱山《ほうらいさん》
＊清涼殿《せいりょうでん》

60
蓬莱山《ほうらいさん》
＊源頼政《みなもとのよりまさ》
化鳥《けちょう》
禁中《きんちゅう》
＊火浣布《かかんぷ》
皮衣《かはぎぬ》
虞舜《ぐしゅん》

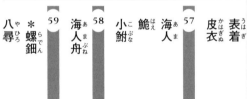

62

＊大化《たいか》
＊新羅《しらぎ》
群騒《むれさわ》ぎ
比米《ひめ》
大《おほ》く
集《すだ》けり
呼子鳥《よぶこどり》
百千鳥《ももちどり》
＊古今伝授《こきんでんじゅ》
深草《ふかくさ》

63

鳥座《とぐら》
中納言《ちゅうなごん》

64

賤《しづ》の田長《たをさ》
久木《ひさぎ》
屢鳴《しばな》く
朝明《あさけ》
＊湖沼《しょう》

65

＊猛禽《もうきん》
末
稲負鳥《いなおほせどり》
呼子鳥《よぶこどり》
＊古今伝授《こきんでんじゅ》
山路《やまぢ》

66

夜半《よは》
虻《あぶ》
咋《く》ひて

67

霜夜《しもよ》
蜘蛛

68

黴《かび》
紀州《きしゅう》
名草《なぐさ》
高雄《たかお》
異事《ことごと》
道心《だうしん》

69

遣《や》り水《みづ》
梳《けづ》らじ

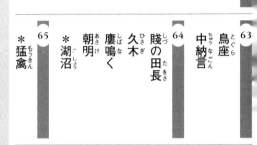

70
様体《やうだい》
飲《の》み門《と》

71
内甲《うちかぶと》
纏《ま》かまく
背短《せいたん》

72
足《た》れる
便《びん》なき
腹悪《はらあ》し

73
安眠《やすい》
寝《な》さぬ
聖《ひじり》

74
叡岳《えいがく》
弓手《ゆんで》
腕《かひな》
半靴《はうくわ》
褰《かか》げて
膊《はぎ》

爛《ただれ》て
千入《ちのり》
靫《ゆぎ》
根白《ねじろ》
枕《ま》かず
纏《ま》かし

75
汐越《しほこし》
＊庵室《あんしつ》
丑寅《うしとら》
高欄《かうらん》

76
鋺《かなまり》
＊年《とし》の魚《うお》

77
＊唐菓子《とうがし》
供御《くご》
鋺《かなまり》
折櫃物《をりびつもの》
右大弁《うだいべん》
＊内膳司《ないぜんし》

78
真菰《まこも》
＊黍《きび》
＊甘葛《あまづら》
高坏《たかつき》
煎物《いりもの》
＊強飯《こわいい》

79
＊脚気《かっけ》
妖災《もののけ》
蝗《いなむし》

＊風花

80
越《えつ》

82
＊陰陽道《おんようどう》
虎魄葉《くはくえふ》
＊琥珀色《こはくいろ》

83
俄《にはか》に
＊臘月《ろうげつ》

84
妹《いも》
吾《あれ》

85
志《し》賀《か》の浦《うら》
＊後朝《きぬぎぬ》
漏箭《ろうせん》
頻《しき》りに
夜一夜《よひとよ》
＊砧《きぬた》

86
天《あま》の香具山《かぐやま》

87
紅葉葉《もみぢば》
行幸《ぎやうかう》

88
＊戊夜《ぼや》
＊丙夜《へいや》
＊丁夜《ていや》
＊甲夜《こうや》

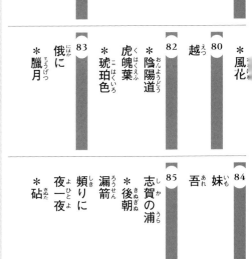

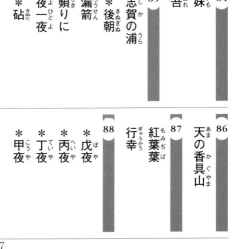

90

泊《とまり》

＊盂蘭盆会《うらぼんえ》

91

柞《ははそ》

建長寺《けんちょうじ》

永明軒《えいめいけん》

徒然《つれづれ》

双六《すごろく》

92

＊陰陽道《おんようどう》

清涼殿《せいりゃうでん》

御障子《みしゃうじ》

叡岳《えいがく》

峙《そばだ》って

93

中宮《ちゅうぐう》

旧宮《ふるみや》

＊歳徳神《としとくじん》

94

垣間見《かひまみ》

95

寮《つかさ》

御寝《ぎょしん》

96

日一日《ひひとひ》

看々《みるみる》

愛敬《あいぎゃう》

宿《しゅく》

翫《もてあそ》ぶ

五十音順　ことば選び索引

あ

鸚鵡《あうむ》……62
明《あ》かし……1
暁方《あかつきがた》……84
暁月夜《あかつきづくよ》……84
暁露《あかときつゆ》……11
茜《あかね》……41
明星《あかぼし》……37
赤疱瘡《あかもがさ》……79
秋風《あきかぜ》……5
秋沙《あきさ》……62
秋《あき》さる……85
秋闌《あきた》く……85
秋津《あきづ》・蜻蛉《あきづ》……66
秋《あき》づく……85
腭門《あぎ》・腭《あぎと》・腮《あぎと》……71
秋の百夜……93
秋萩《あきはぎ》……41
明《あ》け暮《く》れ……84
明《あ》け暗《ぐ》れ……84
明《あ》け六《む》つ……87
朝影《あさかげ》……27
朝霞《あさがすみ》……4
朝顔《あさがほ》……41
朝北《あさきた》……5
朝霧《あさぎり》……4
朝食《あさけ》・朝餉《あさけ》……76
朝明……84
朝寒《あささむ》……10
朝《あさ》さる……84
浅茅《あさぢ》……41
浅茅《あさぢ》が原《はら》……32
浅茅生《あさぢふ》……32
朝《あさ》づく日《ひ》……27
朝露《あさつゆ》……11
朝凪《あさなぎ》……19
朝《あさ》に日《け》に……91
朝寝髪《あさねがみ》……69

朝《あさ》羽《は》振《ふ》る 30
朝朗《あさぼら》け 84
朝《あさ》まだき 84
浅《あさ》り 19
葦《あし》・蘆《あし》 41
朝《あした》 84
朝《あした》の露《つゆ》 11
足長《あしなが》 59
足《あし》の気《け》 79
葦火《あしひ》 35
馬酔木《あしび》 41
徒波《あだなみ》 30
䳑《あぢ》 62
暑気《あつけ》 10・79
梓《あづさ》 41
足裏《あなうら》・蹠《あなうら》 73
足末《あなすゑ》 73
淡海《あはうみ》 20
鮑《あはび》・鰒《あはび》 57
淡雪《あはゆき》 14
楝《あふち》・樗《あふち》 41
葵《あふひ》 41
天《あま》霧《ぎ》らふ 13
天《あま》霧《ぎ》る 13
雨雲《あまくも》 23
天雲《あまくも》 23
尼《あま》削《そ》ぎ 69
雨注《あまそそ》き 2
天《あま》つ風《かぜ》 5
天《あま》つ空《そら》 26
甘葛《あまづら》 42・76
海人《あま》の漁《いざ》り 35
雨彦《あまびこ》 66
尼額《あまびたひ》 71
雨間《あまま》 2
雨《あめ》の脚《あし》 2
雨《あめ》もよに 3
菖蒲《あやめ》 42
鮎《あゆ》・年魚《あゆ》・香魚《あゆ》 57
嵐《あらし》 6
荒野《あらの》 32
荒山《あらやま》 33
有《あ》り明《あ》け 28・85
荒磯海《ありそうみ》 19

荒海……19
沫雪《あわゆき》・泡雪《あわゆき》……14
青馬《あをうま》・白馬《あをうま》……55
青垣山《あをかきやま》……33
青挿《あをざ》し……76
青丹《あをに》……17

い

伊賀専女《いがたうめ》・伊賀姥《いがたうめ》……55
雷《いかづち》……8
斑鳩《いかるが》……62
海石《いくり》……17
鯨・勇魚……55
十六夜《いさよひ》の月《つき》……28
猶予《いさよ》ふ月《つき》……28
漁《いざ》り火《び》……35
石伏《いしぶし》・石斑魚《いしぶし》……57
磯《いそ》……17・38
磯物《いそもの》……76
労《いた》き・病《いた》き……79
虎杖《いたどり》……42
石櫧《いちひ》・櫟《いちひ》……42
五《いつ》つ……87
一天……26
稲負鳥《いなおほせどり》……62
稲子麿《いなごまろ》……66
稲妻《いなづま》・電《いなづま》……8
戌《いぬ》……87・92
戌亥《いぬゐ》・乾《いぬゐ》……92
岩垣《いはかき》……17
岩隠《いはがく》れ……17
岩《いは》が根《ね》・石《いは》が根《ね》・磐《いは》が根《ね》……17
岩瀬《いはせ》・石瀬《いはせ》……20
岩躑躅《いはつつじ》……42
岩戸・石戸……17
岩床《いはとこ》……17
岩梨《いはなし》……42
岩波《いはなみ》……30
岩《いは》の懸《か》け道《みち》……17
石橋《いははし》・岩橋《いははし》……38
岩端《いははな》・岩鼻《いははな》……17
祝《いは》ひ月《づき》……82
巌《いはほ》……17
岩間《いはま》……18
岩枕《いはまくら》……18

岩屋《いはや》・窟《いはや》……18
家風《いへかぜ》……6
蟷螂《いぼじり》……67
五百重波《いほへなみ》・五百重浪《いほへなみ》……31
癒《い》やす……79
否目《いやめ》・嫌目《いやめ》……71
入相《いりあひ》……93
入《い》り日《ひ》……27

う

鵜《う》……62
卯《う》……87・92
泥《う》土《き》……20
浮《う》き雲《ぐも》……23
丑《うし》……87・92
丑寅《うしとら》・艮《うしとら》……92
丑三《うしみ》つ……87
薄氷《うすらひ》……9
打《う》ち鮑《あはび》……76
打《う》ち霧《き》らす……13
打《う》ち悩《なや》む……79
四月《うづき》・卯月《うづき》……82
埋《うづ》み火《び》……35
鶉《うづら》……62
海境《うなさか》・海界《うなさか》・海坂《うなさか》……19
項《うなじ》……70
髫《うなゐ》・髫髪《うなゐ》……70
卯《う》の花《はな》……42
卯《う》の花腐《はなくた》し……3
上風《うはかぜ》……6
上露《うはつゆ》……11
上《うは》の空《そら》……26
午《うま》……87・92
海処《うみが》……19
梅《うめ》……42
梅《うめ》の花貝《はながひ》……57
浦風《うらかぜ》……6
浦波《うらなみ》・浦浪《うらなみ》……31
浦《うら》……38
麗《うら》らかなり……1
閏月《うるふづき》……82
鱗《うろくづ》……57
雲上《うんしやう》……26

え

江《え》……19・39

疫《え》……79
疫癘《えきれい》……79
疫病《えやみ》……79

お

老《お》い屈《かが》まる……75
沖《おき》つ風《かぜ》……6
沖《おき》つ州《す》・沖《おき》つ洲《す》……38
沖《おき》つ波《なみ》……31
御形《おぎやう》……43
奥山《おくやま》……33
押《お》し鮎《あゆ》……76
頤《おとがひ》……72
頤落《おとがひお》つ……10
鬼《おに》……59
追《お》ひ風《かぜ》……6
大空《おほぞら》……26
大鷹《おほたか》……62
大晦日《おほつごもり》……90
大根《おほね》……43
大砌《おほみぎり》……18
朧月《おぼろづき》……28
大曲《おほわだ》……38
面様《おもやう》……72
面輪《おもわ》……72
指《および》……73

か

咳気《がいき》……79
掻《か》い餅《もちひ》……76
柑子《かうじ》……43
掛《か》かり端《ば》・懸《か》かり端《ば》……70
篝火《かがりび》……35
掻《か》き曇《くも》る……13
掻《か》き暗《く》る……1
燕子花《かきつばた》・杜若《かきつばた》……43
結果《かくなわ》……77
隠《かく》れ沼《ぬ》……20
蜻蛉《かげろふ》・蜉蝣《かげろふ》……67
下弦《かげん》……28
託《かこ》ち顔《がほ》……72
鵲《かささぎ》……62
風花《かざはな》……14
風痱《かざほろし》……79
柏《かしは》・槲《かしは》……43
頭付《かしらつ》き……70

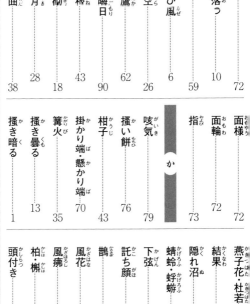

霞《かす》み籠《こ》む 4
霞《かす》み渡《わた》る 5
鹿《かせぎ》 55
肩《かた》 73
堅香子《かたかご》 43
蝸牛《かたつぶり》 67
酢漿草《かたばみ》 43
形見《かたみ》の雲《くも》 25
片割《かたわ》れ月《づき》 28
桂《かつら》の影《かげ》 29
鰹《かつを》・堅魚《かつを》 57

川隈《かはくま》 21
樺桜《かばざくら》 43
川瀬《かはせ》 21
川竹《かはたけ》・河竹《かはたけ》 43
蛙《かはづ》 55
川面《かはづら》 39
川門《かはと》 21
川上《かはのぼ》り路《ぢ》 21
蝙蝠《かはほり》 55
皮虫《かはむし》・烏毛虫《かはむし》 67
川淀《かはよど》 21

貝《かひ》 57
肱《かひな》・腕《かひな》 74
楓《かへで》 43
蛙《かへる》 55
顔《かほ》ばせ 72
鷗《かまめ》 63
神無月《かみなづき》 82
髪《かみ》のかかり 70
上辺《かみべ》 21
寄居虫《かむな》・寄居子《かむな》 58
亀《かめ》 55

鴨《かも》 63
蚊遣《かや》り火《び》 35
唐葵《からあふひ》・蜀葵《からあふひ》 43
韓藍《からあゐ》 44
唐果物《からくだもの》 77
乾鮭《からざけ》・干鮭《からざけ》 77
枳殻《からたち》・枳《からたち》 44
唐撫子《からなでしこ》 44
雁《かり》・鴈《かり》 63
雁《かり》の子《こ》・鴈《かり》の子《こ》 63
迦陵頻伽《かりょうびんが》 59

枯れ野……33
髪状《かんざし》……70
岩頭《がんとう》……18

き

雉子《きぎし》……63
桔梗《ききやう》……44
菊《きく》……44
菊《きく》の露《つゆ》……11
二月《きさらぎ》・如月《きさらぎ》……82
雉《きじ》・雉子《きじ》……63
狐《きつね》……55
黄蘗……44
鬼門《きもん》……92
京様《きやうざま》・京方《きやうざま》……92
霧《き》らす……13
霧《き》らふ……5
桐《きり》……44
切《き》り髪《かみ》……70
螽蟖《きりぎりす》・蟋蟀《きりぎりす》……67
霧《きり》の迷《まよ》ひ……5
霧《き》り塞《ふた》がる……5
霧《き》り渡《わた》る……11
麒麟……59

く

陸《くが》……39
葛《くず》……44
葛花《くずばな》……44
薬《くすり》の事《こと》……79
果物《くだもの》……77
梔子《くちなし》・巵子《くちなし》……44
蛇《くちなは》……55
くつくつぼふし……67
桑子《くはこ》……67
踵《くびす》・跟《くびす》……74
水鶏《くひな》……63
雲返《くもかへ》る風《かぜ》……6
雲《くも》の梯《かけはし》……24
雲《くも》の波《なみ》……24・31
雲《くも》の峰《みね》……24
雲《くも》の澪《みを》……24
雲間《くもま》……13・24
曇《くも》らはし……13
曇《くも》り無《な》し……1
雲居《くもゐ》……26

暗《くら》がる 1
暗《く》れ塞《ふた》がる 1
暮《く》れ六《む》つ 87
黒鳥《くろとり》 63
萱草《くゎんざう》 45
元日《ぐゎんにち》 90

け

逆浪《げきらう》 31
削《けづ》り氷《ひ》 77
牽牛子《けにごし》 45
今日《けふ》の月《つき》 29
煙《けぶり》 25
煙《けぶり》になす 25
煙《けぶり》の波《なみ》 31

こ

五更《ごかう》 88
極月《ごくげつ》 82
木暗《こぐら》し 1
九《ここの》つ 88
腰居《こしゐ》る 75
小鷹《こたか》 63
東風《こち》 6
小手《こて》 74
呉天《ごてん》 26
小水葱《こなぎ》 45
木《こ》の暮《く》れ・木《こ》の暗《く》れ 1
木《こ》の下露《したつゆ》 11
小萩《こはぎ》 45
小脛《こはぎ》 74
小春《こはる》 86
⿰木垔《こひ》 79
業病《ごふびゃう》 79
業風《ごふふう》 6
蟋蟀《こほろぎ》 67
腓《こむら》・膊《こむら》 74
籠物《こもの》 77
隠《こも》り江《え》 39
隠《こも》り沼《ぬ》 21
後夜《ごや》 88
子安貝《こやすがひ》 58
粉雪《こゆき》 14

さ

精進物《さうじもの》 77
薔薇《さうび》 45

冴え勝る……10
冴《さ》え渡《わた》る……10
肴《さかな》……77
逆波《さかなみ》・逆浪《さかなみ》……31
下《さ》がり端《ば》……70
作病《さくびゃう》す……80
索餅《さくべい》……77
桜《さくら》……45
細蟹《ささがに》・細小蟹《ささがに》……67
鷦鷯《さざき》……63
細波《さざなみ》・小波《さざなみ》……31
細れ石……18
差《さ》し曇《くし》る……13
さしも草《ぐさ》……45
皐月《さつき》・五月《さつき》……82
五月闇《さつきやみ》……1
真葛《さねかづら》……45
錆鮎《さびあゆ》……58
五月雨《さみだれ》……3
明《さや》けし・清《さや》けし……1
申《さる》……88・92
小牡鹿《さをしか》……56
三更……88

し

鹿《しか》……56
四更《しかう》……88
鴫《しぎ》・鷸《しぎ》……64
頻波《しきなみ》・重波《しきなみ》……31
樒《しきみ》……45
時雨《しぐれ》……3
獣《しし》・鹿《しし》・猪《しし》……56
ししこらかす……80
肉醤《しびしほ》・醢《しびしほ》……77
時正……88
しじら藤《ふぢ》……46
紙燭《しそく》・脂燭《しそく》……35
下風《したかぜ》……6
下露《したつゆ》……11
死出《しで》の田長《たをさ》……64
東雲《しののめ》……85
篠原《しのはら》……33
忍草《しのぶぐさ》……46
師走《しはす》……82
咳《しはぶき》……80

椎《しひ》 46
鮪《しび》 58
蕺《しぶき》 46
十五夜《じふごや》 93
十三夜《じふさんや》 94
渋面《じふめん》・十面《じふめん》 72
潮海《しほうみ》・塩海《しほうみ》 20
潮貝《しほがひ》 58
塩《しほ》ならぬ海《うみ》 21
島門《しまと》 39
紙魚《しみ》・衣魚《しみ》 68
霜月《しもつき》 82
下野《しもつけ》・繍線菊《しもつけ》 46
下《しも》つ闇《やみ》 2
下辺《しもべ》 21
霜夜《しもよ》 94
上弦《じゃうげん》 29
上元《じゃうげん》 90
上巳《じゃうし》 90
菖蒲《しゃうぶ》 46
車軸《しゃぢく》の如《ごと》し 3
四維《しゆい》 92
菽水《しゅくすい》 78
初更《しょかう》 88
初夜《しょや》 88
所労《しょらう》 80
白州《しらす》・白洲《しらす》 39
知《し》らず顔《がほ》 72
白露《しらつゆ》 11
白干《しらぼ》し・白乾《しらぼ》し 78
白《しら》む 2
尻《しり》 74
紫苑《しをん》 46
新月《しんげつ》 29・90
人日《じんじつ》 90
晨朝《じんでう》 85

す

州《す》・洲《す》 39
蜾蠃《すがる》 56・68
蘿蔔《すずしろ》・清白《すずしろ》 46
菘《すずな》 46
鈴虫《すずむし》 68
蘇芳《すはう》・蘇枋《すはう》 46
昴《すばる》 37

菫……47
末摘花《すゑつむはな》……47

せ

晴色《せいしょく》・霽色《せいしょく》……13
青陽《せいやう》……86
青嵐《せいらん》……7
関風《せきかぜ》……7
夕陽《せきやう》……27・94
節日《せちにち》……90
瀬戸《せと》……39
蝉《せみ》……68

そ

背《そびら》……74
そほ降《ふ》る……3
杣《そま》……33
空様《そらさま》・空方《そらさま》……26
空《そら》の乱《みだ》れ……7

た

大柑子《だいかうじ》……47
太衝《たいしょう》……82
松明《たいまつ》……36
専女《たうめ》……56
高根颪……7
高跪《たかひざまづ》き……75
滝川《たきがは》……21
巧《たく》み鳥《どり》……64
竹植《たけう》うる日《ひ》……90
腕《ただむき》・臂《ただむき》……74
立《た》ち待《ま》ちの月《つき》……29
立《た》ち渡《わた》る……12
竜《たつ》……59
辰《たつ》……88・92
鶴《たづ》……64
辰巳《たつみ》・巽《たつみ》……92
立《た》て石《いし》……18
掌《たなごころ》……74
棚曇《たなぐも》る……13
棚機《たなばた》つ女《め》・織女《たなばたつめ》……37
谷蟇《たにぐく》……56
旅《たび》の空《そら》……26
玉堅磐《たまがしは》……18
玉葛《たまかづら》・玉蔓《たまかづら》……47
玉水《たまみづ》……22
手向山《たむけやま》……33

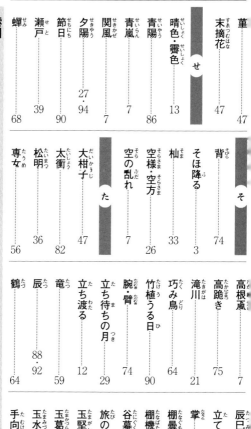

袂《たもと》……74
垂氷《たるひ》……9

ち

蜘蛛《ちちゅう》……68
千鳥《ちどり》……64
千重波《ちへなみ》・千重浪《ちへなみ》……31
粽《ちまき》・茅巻《ちまき》……78
中夏《ちゅうか》・仲夏《ちゅうか》……82
中元《ちゅうげん》……90
中秋《ちゅうしう》・仲秋《ちゅうしう》……82・90
中春《ちゅうしゅん》・仲春《ちゅうしゅん》……83
中冬《ちゅうとう》・仲冬《ちゅうとう》……83
中夜《ちゅうや》……88

つ

槻《つき》……47
月影《つきかげ》……29
月草《つきくさ》……47
鴾毛《つきげ》・月毛《つきげ》……56
月夜見《つくよみ》……29
旋風《つじかぜ》・辻風《つじかぜ》……7
恙《つつが》……80
躑躅《つつじ》……47
つつ闇《やみ》……2
椿《つばき》・海石榴《つばき》……47
燕《つばくらめ》……64
踝《つぶなぎ》……74
壺菫《つぼすみれ》……47
露草《つゆくさ》……47
露《つゆ》けし……12
露霜《つゆしも》……12
氷《つらら》・氷柱《つらら》……9
氷居《つららゐ》る……9
つれなし顔《がほ》……72

て

亭午《ていご》……88
手長《てなが》……60
手《て》の裏《うら》……75
蝶《てふ》……68
天道《てんたう》……27

と

凍餒《とうたい》……10
時《とき》つ風《かぜ》……7
常磐《ときは》・常盤《ときは》……18
木賊《とくさ》・砥草《とくさ》……48

野老《ところ》 48
門波《となみ》・戸波《となみ》 31
との曇《ぐも》る 13
遠夫《とほづま》 37
遠妻《とほづま》 37
遠山《とほやま》 33
灯《とも》し火《び》・灯《ともしび》 36
外山《とやま》 33
土用《どよう》 90
豊旗雲《とよはたくも》 24
寅《とら》 89・93
酉《とり》 89・93
とゐ波《なみ》 31
蜻蛉《とんばう》・蜻蜓《とんばう》 68

な

中空《なかぞら》 26
長月《ながつき》 83
長雨《ながめ》 3
眺《なが》めの空《そら》 26
水葱《なぎ》 48
名残《なごり》の月《つき》 29
夏萩《なつはぎ》 48
夏虫《なつむし》 68
七《なな》つ 89
波《なみ》の花《はな》 32
波間《なみま》 32
名吉《なよし》・鯔《なよし》 58
生《な》り瓢《ひさご》 48
鳴《な》る神《かみ》 8

に

二更《にかう》 89
苦竹《にがたけ》 48
濁《にご》り江《え》 20
日光《にっくわう》 27
日中《にっちゅう》 89・91
庭潦《にはたづみ》 22
庭《には》つ鳥《どり》 64
庭火《にはび》・庭燎《にはび》 36
鳰《にほ》 64

ぬ

鵼《ぬえ》・鵺《ぬえ》 60・64
鵼小鳥《ぬえことり》 65
酸漿《ぬかづき》 48
額突《ぬかづ》き虫《むし》・叩頭虫《ぬかづきむし》 68

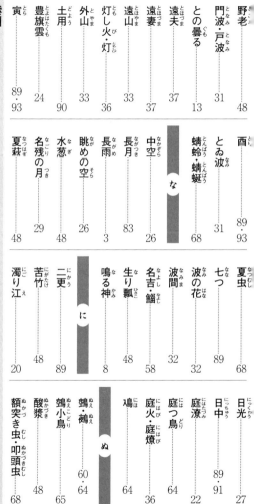

射干玉《ぬばたま》・野干玉《ぬばたま》……48

ね

子《ね》……89・93
猫又《ねこまた》……60
根蓴《ねぬなは》・根蓴菜《ねぬなは》……48
子一《ねひと》つ……89
合歓《ねぶ》・合歓木《ねぶ》……48
寝待《ねま》ちの月《つき》……29

の

野風《のかぜ》……7
野末《のずゑ》……33
後《のち》の月《つき》……29
野阜《のづかさ》・野司《のづかさ》……34
野火《のび》……36
野辺《のべ》……34
野辺《のべ》の煙《けぶり》……25
野面《のもせ》……34
野守《のもり》の鏡《かがみ》……34
野《の》ら藪《やぶ》……34
野分《のわき》……7
喉《のんど》・咽《のんど》……70

は

脛《はぎ》……75
麦秋《ばくしう》……86
走《はし》り火《び》……36
機織《はたおり》……68
霹靂神《はたたがみ》……9
霹靂《はたた》く・霆《はたた》く……9
鰭《はた》の狭物《さもの》……58
鰭《はた》の広物《ひろもの》……58
斑霜《はだれしも》……12
斑雪《はだれゆき》……14
蓮《はちす》……49
二十日正月《はつかしやうがつ》……91
初風《はつかぜ》……7
八月《はづき》・葉月《はづき》……83
初霜《はつしも》……12
八方《はつぱう》……93
果《は》ての月《つき》……83
帚木《ははきぎ》……49
母子餅《ははこもちひ》……78
浜《はま》……39
蛤《はまぐり》……58

浜木綿《はまゆふ》……49
浜荻《はまをぎ》……49
葉向《はむ》け……7
早瀬《はやせ》……22
疾風《はやち》……7
端山《はやま》……34
腹高《はらたか》し……76
春霞《はるがすみ》……5
春片設《はるかたま》く……86
春立《はるた》つ……86
春《はる》つ方《かた》……86
春告《はるつ》げ鳥《どり》……65
春野《はるの》……34
春《はる》の隣《となり》……86
春《はる》の湊《みなと》……86
春方《はるべ》……86
磐石《ばんじゃく》・盤石《ばんじゃく》……18
半天《はんてん》……27

ひ

日《ひ》……27・91
火相《ひあひ》・火合《ひあひ》……36
鵯《ひえどり》……65
日影《ひかげ》……27
日方《ひかた》……8
蜩《ひぐらし》……68
日暮《ひぐ》らし……91
彦星《ひこぼし》……37
楸《ひさぎ》・久木《ひさぎ》……49
氷雨《ひさめ》……3
菱《ひし》……49
日《ひ》すがら・終日《ひすがら》……91
火焼《ひた》き・火焚《ひた》き……36
額髪《ひたひがみ》……71
額付《ひたひつ》き……72
肘笠雨《ひぢかさあめ》……3
未《ひつじ》……89・93
未申《ひつじさる》・坤《ひつじさる》……93
火鼠《ひねずみ》……60
日《ひ》の足《あし》・日《ひ》の脚《あし》……27
日一日《ひひとひ》……91
柊《ひひらぎ》……49
氷面《ひも》……9
氷輪《ひょうりん》……29
日和《ひより》……14

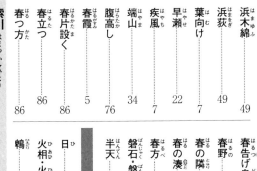

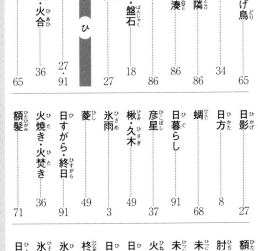

平瀬《ひらせ》……22
昼《ひる》つ方《かた》……91
氷《ひ》魚《を》……58
蛃《ひきむし》……69
鬢《びん》……71
鬢頬《びんづら》……71

ふ

腹心《ふくしん》の病《やまひ》……80
臥《ふ》し待《ま》ちの月《つき》……30
粉熟《ふずく》……78
藤《ふぢ》……49
淵瀬《ふちせ》……22
藤袴《ふぢばかま》……50
風病《ふびやう》……80
文月《ふみづき》・七月《ふみづき》……83
芙蓉《ふやう》……50
冬《ふゆ》ざれ……86
冬立《ふゆた》つ……86
降《ふ》り明《あ》かす……3
降《ふ》り増《ま》さる……3
振《ふ》り分《わ》け髪《がみ》……71
黒貂《ふるき》……56

へ

辺《へ》つ風《かぜ》……8
辺波《へなみ》……32
蛇《へみ》……56
片雲《へんうん》……24

ほ

烽火《ほうくわ》……25
鳳凰《ほうわう》……60
火影《ほかげ》……36
星月夜《ほしづくよ》……94
臍《ほぞ》……75
蛍《ほたる》……69
時鳥《ほととぎす》・郭公《ほととぎす》・杜鵑《ほととぎす》・霍公鳥《ほととぎす》……65
火中《ほなか》……36
朴《ほほ》・厚朴《ほほ》……50
焰《ほむら》・炎《ほむら》……36

ま

孟夏《まうか》……83
孟秋《まうしう》……83
孟春《まうしゅん》……83
孟冬《まうとう》……83
眼皮《まかは》・目皮《まかは》……72

真葛《まくず》……50
真菰《まこも》・真薦《まこも》……50
柾木《まさき》の葛《かづら》・真折《まさき》の葛《かづら》……50
猿《ましら》……56
眦《まじり》・目尻《まじり》……72
真澄《ます》み……2
真赭《まそほ》・真朱《まそほ》……19
又《また》の明日《あした》……85
又《また》のつとめて……85
又《また》の夜《よ》……94
松風《まつかぜ》……8
松虫《まつむし》……69
真魚《まな》……78
眼間《まなかひ》・目交《まなかひ》……73
真榛《まはり》……50
目伏《まぶ》し……73
眉《まゆ》……73
眉黒《まゆぐろ》なり……73
檀《まゆみ》……50
眉根《まよね》……73

み

巳《み》……89・93
汀《みぎは》……39
三稜草《みくり》・三稜《みくり》……50
鶚《みさご》・雎鳩《みさご》……65
短夜《みじかよ》……94
禊川《みそぎがは》……22
御手洗川《みたらしがは》……22
乱《みだ》り足《あし》・乱《みだ》り脚《あし》……80
乱《みだ》り風《かぜ》……80
水海《みづうみ》・湖《みづうみ》……22
蛟《みづち》・虬《みづち》……60
角髪《みづら》・角子《みづら》……71
水無《みな》し川《がは》……22
水無瀬川《みなせがは》……23
水底《みなそこ》……23
六月《みなづき》・水無月《みなづき》……83
蓑虫《みのむし》……69
耳菜草《みみなぐさ》……51
猛火《みやうくわ》……37
都鳥《みやこどり》……65
深山《みやま》……34
深雪《みゆき》……14
み雪《ゆき》……15

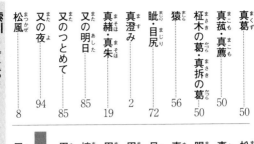

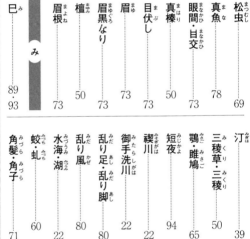

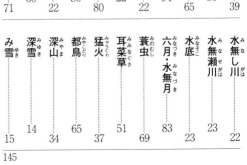

水曲《みわた》 23

む

麦秋《むぎあき》 87
木槿《むくげ》・槿《むくげ》 51
葎《むぐら》 51
葎生《むぐらふ》 34
睦月《むつき》・一月《むつき》 83
六連星《むつらぼし》 37
群雲《むらくも》・叢雲《むらくも》 24
紫《むらさき》 51
叢雨《むらさめ》・村雨《むらさめ》 4
叢時雨《むらしぐれ》・村時雨《むらしぐれ》 4
群山《むらやま》 34
室《むろ》の木《き》・杜松《むろのき》 51

め

馬手《めて》・右手《めて》 75

も

朦朧《もうろう》たり 5
木欒子《もくれんし》 51
藻塩火《もしほび》 37
鵙《もず》・百舌《もず》・百舌鳥《もず》 65
望月《もちづき》 30
物病《ものや》み 80
桃《もも》 51
百千鳥《ももちどり》 65
諸手《もろて》・双手《もろて》・二手《もろて》 75

や

野干《やかん》・射干《やかん》 56
焼《や》き物《もの》 78
夜久貝《やくがひ》・屋久貝《やくがひ》 59
八雲《やくも》 24
焼野《やけの》 35
八《や》つ 89
宿貸《やどか》し鳥《どり》 65
宿《やど》り木《ぎ》 51
柳《やなぎ》の眉《まゆ》 73
八重《やへ》雲《ぐも》 24
八重《やへ》の潮風《しほかぜ》 8
山藍《やまあゐ》 51
山颪《やまおろし》 8
やまし 52
山下露《やましたつゆ》 12
山下水《やましたみづ》 23
山菅《やますげ》 52

山橘《やまたちばな》……52
山萵苣《やまぢさ》……52
山鳥《やまどり》……66
山吹《やまぶき》……52
闇《やみ》の夜《よ》……94
弥生《やよひ》・三月《やよひ》……83

ゆ

雪消《ゆきげ》……15・23
雪気《ゆきげ》……15
雪間《ゆきま》……15
雪《ゆき》もよに……15
行《ゆ》く秋《あき》……87
行《ゆ》く春《はる》……87
湯漬《ゆづ》け……78
譲《ゆづ》り葉《は》・交譲木《ゆづりは》……52
夕影《ゆふかげ》……28
夕顔《ゆふがほ》……52
夕霧《ゆふぎり》……5
夕食《ゆふけ》……78
冬《ふゆ》ざれ……86
夕《ゆふ》づく日《ひ》……28
夕月夜《ゆふづくよ》……94
長庚《ゆふつづ》・夕星《ゆふつづ》……37
夕凪《ゆふなぎ》……20
夕羽振《ゆふはふ》る……32
夕《ゆふ》べ……94
夕《ゆふ》まぐれ……95
夕闇《ゆふやみ》……95
弓張《ゆみは》り月《づき》……30
百合《ゆり》……52
弓手《ゆんで》・左手《ゆんで》……75

よ

横雲《よこぐも》……24
夜籠《よごも》り……95
夜来《よごろ》・夜頃《よごろ》……95
夜寒《よさむ》……10
夜《よ》さり……95
夜《よ》すがら……95
四《よ》つ足《あし》……57
夜長《よなが》……95
夜《よ》の悉《ことごと》……95
夜半《よは》……95
夜半《よは》の煙《けぶり》……25
婚《よば》ひ星《ぼし》・夜這《よば》ひ星《ぼし》……38

宵《よひ》 95
夜一夜《よひとよ》 96
宵闇《よひやみ》 96
夜深《よぶか》し 96
呼子鳥《よぶこどり》・喚子鳥《よぶこどり》 66
膕筋《よほろすぢ》 75
蓬生《よもぎふ》 35
四方《よも》の嵐《あらし》 8
弱腰《よわごし》 75

ら

労気《らうげ》 80
蘭《らに》 52
臘《らふ》 83
臘八《らふはつ》 91

り

良夜《りやうや》 96
竜胆《りんだう》 52

ろ

朧々《ろうろう》たり 2

わ

若紫《わかむらさき》 53
別《わか》れ霜《じも》 12
忘《わす》れ草《ぐさ》 53
忘《わす》れ霜《じも》 12
忘《わす》れ水《みづ》 23
わたつ海《うみ》 20
海中《わたなか》 20
鰐《わに》 59
瘧《わらはやみ》・瘧病《わらはやみ》 80
蕨《わらび》 53
吾木香《われもかう》・吾亦紅《われもかう》・地楡《われもかう》 53

ゐ

亥《ゐ》 89・93
猪首《ゐくび》なり 71
井堰《ゐせき》・堰《ゐせき》 39
居待《ゐま》ちの月《つき》 30

ゑ

恵方《ゑはう》 93

を

荻《をぎ》 53
小暗《をぐら》し 2
鴛鴦《をし》 66
彼方野辺《をちかたのべ》 35
小野《をの》 35

尾花《をばな》……53
女郎花《をみなへし》……53
小止《をや》み……4
小止《をや》みなし……4
折櫃物《をりびつもの》……78
大蛇《をろち》……57

7C00

古典情景ことば選び辞典

2024年1月2日　第1刷発行

発行人　土屋　徹
編集人　代田　雪絵
企画編集　鈴木　かおり

発行所　株式会社Gakken
〒141-8416　東京都品川区西五反田2-11-8
印刷所　株式会社広済堂ネクスト
製本所　株式会社難波製本

●この本に関する各種お問い合わせ先
本の内容については、下記サイトのお問い合わせフォームよりお願いします。
https://www.corp-gakken.co.jp/contact/
●在庫については　Tel 03-6431-1199（販売部）
●不良品（落丁、乱丁）については　Tel 0570-000577
学研業務センター
〒354-0045 埼玉県入間郡三芳町上富279-1
●上記以外のお問い合わせは
Tel 0570-056-710（学研グループ総合案内）

◎学研グループの書籍・雑誌についての新刊情報・詳細情報は、下記をご覧ください。
学研出版サイト　https://hon.gakken.jp/